高成长型
团队

[美] 惠特尼·约翰逊 -著
(Whitney Johnson)
李新元 -译

中信出版集团 | 北京

图书在版编目（CIP）数据

高成长型团队 /（美）惠特尼·约翰逊著；李新元译 . -- 北京：中信出版社，2021.9
书名原文：Build an A-Team：Play to Their Strengths and Lead Them Up the Learning Curve
ISBN 978-7-5217-3405-8

Ⅰ.①高⋯ Ⅱ.①惠⋯ ②李⋯ Ⅲ.①组织管理学 Ⅳ.① C936

中国版本图书馆 CIP 数据核字 (2021) 第 166112 号

Build an A-Team by Whitney Johnson
Original work copyright © 2018 Whitney Johnson
Published by arrangement with Harvard Business Review Press
Simplified Chinese translation copyright © 2021 by CITIC Press Corporation
ALL RIGHTS RESERVED
本书仅限中国大陆地区发行销售

高成长型团队

著者：［美］惠特尼·约翰逊
译者：李新元
出版发行：中信出版集团股份有限公司
（北京市朝阳区惠新东街甲 4 号富盛大厦 2 座 邮编 100029）
承印者：三河市科茂嘉荣印务有限公司

开本：880mm×1230mm 1/32　　印张：7　　字数：110 千字
版次：2021 年 9 月第 1 版　　印次：2021 年 9 月第 1 次印刷
京权图字：01–2020–1193　　书号：ISBN 978–7–5217–3405–8
定价：49.00 元

版权所有·侵权必究
如有印刷、装订问题，本公司负责调换。
服务热线：400–600–8099
投稿邮箱：author@citicpub.com

致我的卓越团队：
罗杰、戴维和米兰达

目录

前言
让你的员工愿意为你工作　v

1
S 型学习曲线

人人都有一条 S 型曲线　007
卓越团队与学习曲线　009
绘制团队的 S 型曲线　010
下好一盘棋,需要关注每一颗棋子　012
奖励那些培养了人才的管理者　014
雇用积极主动的人　017

2
促进学习和成长的 7 大因素

让团队直面市场风险 026
发挥个人的独特优势 029
施加合理的约束 031
推动团队成员的发展 037
以退为进 040
失败可以促进个人颠覆 043
允许"边做边完善" 048

3
招聘和雇用

人即资源 056
雇用能在工作中成长的员工 061
在招聘时另辟蹊径 076

4
管理渴望成功的新员工

让你的新员工顺利适应工作 089
前 6 个月,可以这样管理 098
做一名首席激励官 108

5
发挥每个人的优势

具有挑战性的工作与摩擦定律 115

具有挑战性的工作不是你唯一的工具　119
赋予人们真正的责任　124
支持他们，让他们快乐　128

6
管理处于曲线顶端的尖子

让最优秀的员工分享经验　137
让那些处于顶端的人回到现实　141
倒退，还是前进　152

7
帮助员工开启新的学习曲线

提供帮助　159
平级调动，留住人才　163
后退一步，获得反弹的力量　165
改变现状　170
身处顶峰，路在何方　173

结语
新的开始　179
注释　187
致谢　197

前言
让你的员工愿意为你工作

> 幸福不在于仅仅拥有金钱,而在于
> 获得成就时的喜悦和追寻创造力带来的激情。
> ——富兰克林·D. 罗斯福

1953年,在加利福尼亚州圣迭戈市,一家新成立的公司把目光投向了太空时代。火箭化学公司拥有一个小型实验室,只有三个人,但他们看到了摆在面前的一个重要机会。航空航天业正在产生令人难以置信的新技术:能比以往任何时候飞得更远的导弹和火箭。但这项技术有一个重大缺陷:导弹和火箭都是由金属制成的,而金属会生锈。

首席化学家诺姆·拉森有一个主意。他想他可以设法找到一种防止新发明的火箭和导弹生锈的化合物。秘诀在于找到一种能直接替代水的物质，防止水附着在火箭的金属表面上，这样它就会像鸭子背上的水珠那样滚落下去而不会对金属造成任何伤害。为了找到这种有效的化合物，拉森和他的两个创业伙伴在只有一间屋子的实验室里一次又一次地尝试。他们试了10次，20次，30次，在第40次的时候，拉森和他的团队终于找到一个成功的配方。他们很快为美国通用动力公司的一家分公司，即美国国家航空航天局（NASA）阿特拉斯导弹的生产厂家康维尔公司生产出这种产品。

然后一件有趣的事情发生了。这种产品的效果如此之好，以至美国通用动力公司的工人们开始偷偷地把它带回家，用在房子的各个地方当保护剂、溶剂和万能润滑剂。到了1955年，拉森意识到他发明的化合物可能拥有比航空航天和国防工业更广阔的市场。他回到实验室，开始了一系列新实验，目的是找到一种将他的特殊配方装入气溶胶罐的方法。1959年，第一批装有该产品的气溶胶罐进入市场，世界随之认识了WD-40制造公司的WD-40保养剂。

这个产品的名字源于"水的替代品，第40次尝试"。尽管在那之后该公司并没有大张旗鼓地宣传和营销，但是40年后，WD-40制造公司在多用途润滑市场上占据了80%以上的市场份额。今天它几乎成了多用途润滑市场的代名词，而且在

75%的美国家庭中我们都能找到那个黄蓝色的气溶胶罐。当3M（明尼苏达矿务及制造业公司）和胜牌这样的公司试图颠覆WD-40制造公司的市场地位时，它们无一例外都失败了。据估计，它已经击退了200多个竞争对手，其中超过12个是资产数亿美元的公司。[1]

一家制造和销售单一产品，并且产品配方只微调过一次的公司，为何能在60多年的竞争中保持领先地位？（20世纪60年代早期，它曾试图改进产品的气味。）当一家公司的产品策略公然违背了生意场上奉行的如"细分你的市场"以及"使产品多样化"等原则时，它如何才能取得成功？我认为它之所以能够做到这一点，是因为它采取了一种激进的方法来管理自己的员工。

根据盖洛普咨询公司的统计，全美只有33%的员工对他们所从事的工作很投入。从世界范围来看，统计数字更糟糕：只有15%的雇员说他们对自己的工作感兴趣。[2]但是在WD-40制造公司，高达93%的员工认为他们在工作时很投入，还有97%的员工说他们对公司的未来感到兴奋。[3]为什么会有这种差距呢？

因为WD-40制造公司实施了一种被我称为"个人颠覆"的人力资源战略。它是一种以学习为中心的战略：作为新手，你一定会遇到初出茅庐时必然经历的各种手忙脚乱；在你学习、成长的过程中，你会进入全身心投入的状态，然后获得前进的动力；你一旦到达这个学习过程的顶端，就能体会到驾轻就熟的快乐。但是关键在于，接下来你发现了新的挑战，于是这个循环又开始了。人类天生就有学习和改变的特性，而不是待在原地，一遍又一遍做着同样的事情。

在WD-40公司，这意味着员工在公司内部拥有一条清晰的职业发展道路，而且经理们会帮助他们从A点到达B点、C点和D点。公司想留住员工，而不是把他们禁锢在自己的角色上。公司鼓励员工学习，转换到新的角色，然后再学习，再转换。因为管理人员支持员工不断学习新东西，所以许多人在那里待了10年、25年，甚至更长时间。就像WD-40公司首席执行官加里·里奇告诉我的那样："我很高兴看到员工通过公司的历练，顺利走上新的角色。当他们站在边上的时候，我对他们说：'跳吧！不用担心，下面有一张能兜住你们的网……'"

难怪WD-40公司60%的员工相信，他们可以在不离开公司的情况下实现自己的职业目标。在这里，三位公司高管都是以接待员的身份开启他们的职业生涯的。"我们主要品牌的品牌经理是从做兼职（接待员）开始的。"里奇说，"我们不断督促她，使她不断进步，现在她成了WD-40公司的品牌经理。这是我们非常愿意看到的结果。"

　　WD-40公司是运用颠覆战略培养人才的实践典范。因为这家公司的员工在工作中遇到挑战时，总是能够全力以赴地投入工作，所以他们会留下来。这一点对公司的盈亏状况产生了影响。在过去的18年中，WD-40公司的市场资本总额从2.5亿美元上升到16亿美元。这个成绩对一家只卖一种润滑剂的公司来说还算不错。[4]

个人颠覆的力量

　　我们大多数人对自己的工作并不感兴趣。在一份调查中，84%的员工说感觉自己被困在工作中[5]，而在另一份调查中，只有22%的员工说自己在目前的工作中有明确的职业规划。[6]

　　我曾经亲耳听到这些抱怨。2015年我出版了《颠覆式成长》(*Disrupt Yourself*)一书，这是彻底重塑你自己职业生涯的一部指南。但是在接下来几个月的旅行中，当我做主题演讲、与一些组织交流以及对主管们进行个人颠覆策略指导时，"我怎样能让我的员工颠覆他们自己"和"我怎样才能让老板允许我颠覆自己"，这两个问题出现的次数比其他问题都要多。

这一点极具讽刺意味，甚至令人难过：员工和他们的管理者都希望能够体验伴随颠覆而来的成长，但是它并未发生。难怪真正的投入如此罕见。

改变，而不是停滞不前，是人类生活的自然方式。改变促进增长，停滞导致衰退。不管是小团队的经理，还是管理数千人的好几个业务部门的最高主管，积极主动的管理者都明白这个道理。他们营造能使工作经验保持新鲜感的环境，鼓励并推动员工个人的颠覆，他们也意识到，能给员工最好的回报就是让他们学习。这是一种超越金钱和赞美，能激励员工并且吸引员工的东西。它是使我们每个人的工作更富有成效，也是把我们的组织变成吸引人才的磁铁的原因。

意识到这一点的管理者不仅给公司带来了巨大的变化，而且对员工的生活产生了直接的影响。我自己的经历就说明了这一点。当我大学毕业后第一次来到曼哈顿时，我刚拿到一个并不是特别有用的音乐学专业的学士学位。我需要工作，并且想做一些令人激动的事情。20世纪80年代后期的华尔街令人兴奋，但它并没有给钢琴家提供任何机遇，所以我一开始在一家金融服务公司当秘书，晚上上商务课。过了几年，我的老板塞萨尔·贝兹帮助我弥补了差距，使我成为一名投资银行家。这是一个不寻常的举动，它为我的整个职业生涯奠定了基础。

从那时起，我连续8年入围《机构投资者》（Institutional Investor）的股票研究分析师排行榜，并且被Starmine（一种金融建模量化分析软件）评为优秀选股人，跟踪如墨西哥美洲电信公司（纽约证券交易所股票代码：AMX）、墨西哥电信公司（纽约证券交易所股票代码：TV）、墨西哥电视公司（纽约证券交易所股票代码：TMX）等多只股票。这些股票几乎占了当时墨西哥证券交易所总市值的40%。

但是到了2004年，我渴望接受新的挑战。我向公司的一位高管透露了我想进入管理层的想法，希望得到他的支持。他不仅不支持我，反而对此不屑一顾，他的态度是"我们很喜欢你待在现在的位置上"。现在回想起来，我本可以更好地处理这次谈话，但我记得当时我在想："我已经准备好迎接新事物。如果在这里做不到，我就必须走。"不到一年，我就自己创业了。

在我离开纽约以后，我与哈佛商学院的教授克莱顿·克里斯坦森共同创办了一个叫"颠覆性创新基金"的早期投资基金。正是这项工作让我明白，克里斯坦森的颠覆理论不仅适用于初创公司，而且适用于人们的职业生涯。

简单来说，颠覆性创新解释了低端行业的颠覆者是如何对抗并最终战胜那些貌似应该懂得更多高端行业的市场占有者的。想想 20 世纪 60 年代的丰田公司，它那时候的产品很低端，市场地位微不足道。通用汽车公司本可以像碾米粒一样把丰田公司碾碎，但它没有。市场领导者很少这样做，毕竟它只是一辆又傻又小的卡罗拉，能对更大、更快、更好、更贵的凯迪拉克构成什么威胁呢？但颠覆者一旦站稳脚跟，就会受到更大、更快、更好的激励。对丰田来说，它先是生产了凯美瑞，然后是雷克萨斯。雷克萨斯目前在美国拥有 16% 的市场份额，是凯迪拉克的两倍。[7]

克里斯坦森和其他人在医疗保健、钢铁制造、个人计算机和几十个其他行业也找到类似的例子，但模式都是一样的：一家小公司开始生产一种非常低端的产品，并将其出售给未消费者（比如买不起现有高端产品的那些人），或者卖给那些被现有产品提供的花里胡哨的功能过度服务的用户。一旦这个小公司获得了动力，它就会呈曲棍球棒式发展，它会增加功能，提高质量，就像《吃豆人》游戏那样，逐渐蚕食掉现有其他公司的市场份额。等到其他有话语权的公司发现想要反击时，已经太迟了：这家小公司实力太强，而且扎下了根，已经赶不走了。

现在人们普遍认为，颠覆性创新可以支撑新产品和新服务的发明，创造新市场，并大幅增加收入和利润。还有一点尽管不太为人所知，但同样正确：工作中的个人颠覆，也就是人们从一条学习曲线转移到下一条学习曲线，从一个挑战到另一个挑战，这些都能推动人们的学习、参与，甚至创新。

管理者是最适合规划学习曲线的人，也是帮助员工意识到什么时候该开启一条新曲线的人。

但是太多时候，这种清晰的目标、在职发展和职业发展指导常常迷失在"灭火"、开会和回复电子邮件等日常琐事中。我们经常听到管理者抱怨，说没有人能在他们度假时接替他们的工作。但同时又会说，他们太忙了，以至没有时间教员工该做什么，或者把实际指导当成手把手教或照看孩子那样事事亲力亲为。

这不是大多数人一开始就想成为的那种管理者，只不过这项长期而重要的指导和培养人才的任务被湮没在每天待办的日常工作中。然后，当一个员工离职，有一个需要填补的空缺时，管理者就会非常苦恼，于是他会雇用一个今天就知道如何做这件事情的人，而不是一个未来可能会在这个职位上成长的人。

作为管理者，我们面临着与业内现有管理者同样的困境：我们在最大限度地提高效率方面做得非常出色，却忽视了员工个人和职业的发展。因为没有明确的职业发展路径，许多人最终感到无聊或困在他们的工作中。结果是员工和组织都停滞不前。

一名员工，就像一家初创公司，需要一定的前期投资。一位好的管理者，就像一位好的投资者，知道如何锻炼耐心。在引进新员工之前，如果你已经做了尽职调查，那么你应该有一定的信心，相信他们会成长为某个角色。当他们做到这一点，你将会得到回报：一位工作效率极高的员工。如果你对全体员工都采用这种方法，你将会得到一支高成长型团队：一群在个人学习曲线上处于不同阶段的人，以及在不同时间敬业度高度提升并达到最佳点的人。

本书的结构

这本书的整体框架是围绕如何了解和管理员工的个人学习以吸引和激励他们而展开的。

第一章解释了基本概念：S型学习曲线。曲线的底部是对未知的不安（和兴奋），曲线的顶端是达到熟练掌握某项能力后收获的自信（和无聊）。在底部和顶端之间，曲线的陡峭部分就是魔法发生的地方：在这个阶段，员工最快乐，学得快且高度投入。

第二章概述了管理者支持和促进员工沿着学习曲线向上移动的七种方法。我将描述你如何确定每个员工在他们个人学习曲线上的位置，以及他们需要什么帮助才能爬上去——最终熟练掌握现有的曲线，然后开启一条新的曲线。

第三章和第四章分别解释了在招聘和入职时你应该如何使用这种方法，这两个阶段正是你的员工对他们的新学习曲线知之甚少的时候。第五章描述了如何管理"最佳点"，即学习曲线的陡峭部分，也就是你的员工最大限度地投入工作并快速学习的阶段。第六章讨论了管理者在曲线顶端，也就是员工熟练掌握某项能力的阶段需要了解的内容。虽然它听起来很棒（"嘿，我的员工是一位大师，我不能挡他们的路！"），但这也可能是一个非常棘手的阶段。事情如果变得太枯燥乏味，员工就会寻找新的工作，或者更糟糕的是，他们会变得自满。第七章描述了如何在公司内部精心制造新的挑战。最后，结论部分讨论了应用这种方法可能带来的一些心理挑战和其他障碍。

管理人们从而使他们能够颠覆自己，是对"善变"这种人类生物学天性的尊重。我们每个人都有一个生命周期，它是由无数更小的生命周期组成的。开始和结束，成长和衰退，我们不可能保持不变。

我们的工作生活——我们整个生活中如此大的一部分——也是如此。每份工作都有一个生命周期。我们有工作的第一天，我们如果足够明智，就应该意识到还有最后的一天。这就为我们那些有才能的员工打开了大门，与其不断地把这些宝贵资产移交给其他的雇主，不如让他们继续和我们一起成长，并为了我们而成长。

因为我们总是在进步，所以我们遇到的最大挫折之一，就是感觉不到周围有什么变化。我们人类的有机生命在静止的环境中缓缓流逝，就像老电影中的一辆汽车撞到了画好的布景。当我们感觉自己像一个演员，站在背景一成不变的舞台上，而且知道第一幕之后永远不会有第二幕或第三幕时，我们除了变得超然冷漠和无动于衷，还能做些什么呢？仅用最新的小玩意和新鲜出炉的媒体技术来做我们的工作是不够的。闪闪发亮的东西很快会失去光泽。工作本身需要改变：问题亟待解决，需求有待处理，刺激大脑的挑战必须再次出现——而且要定期进行。

在同样的岩石中我们必须翻找很长时间，才能找到钻石。最终，是时候将我们的目光投向未知的世界，开始新的发现之旅了。

1
S 型学习曲线

勇敢地

驶向前人未至之处。

——《星际迷航》詹姆斯·柯克舰长

詹姆斯·库克船长是历史上最伟大的探险家和制图家之一。他是第一个访问现在的澳大利亚悉尼市的欧洲人。他发现了夏威夷群岛，并绕过南极洲，航行超过20万英里[①]——基本上等于地球到月球的距离。当他出生时，地球上还有1/3的面积没有绘制出地图；当他1779年去世时，他已经探索了其中的大部分区域，而

---

① 1英里≈1.61千米。——编者注

且他绘制的地图如此精确，以至200年后人们仍然在使用。[1]

如果库克不愿意开启新的学习曲线，如果他没有得到那些认可他的才能并为他投资的人的赞助，那么他不可能完成这些任务中的任何一个。

1728年，库克出生于英格兰约克郡一个贫困的劳工家庭。他在一间又小又脏的茅屋里长大，而他的5个兄弟姐妹只有一个活到了成年。当地庄园的主人托马斯·斯科托认为库克很有天赋，出钱让他在当地的学校里接受教育。库克17岁时搬到了北海海岸，多亏了他的资助人的推荐，他获得了一份助理店主的工作。

听从大海的召唤，库克找到了一位名叫詹姆斯·沃克的良师益友。他是一位船主兼煤炭商人。沃克让库克当了他的学徒。在沃克的指导下，库克一边在商船队工作，一边学习数学、航海和天文学知识。

1755年，沃克为库克提供了船长的职位，但他选择加入英国皇家海军，成为一名普通水手。（随着法国战争的临近，他相信这一步将带给他晋升的机会。）在那里，他遇到了另一位资助人休·帕利泽。帕利泽是一位有抱负的军官，他对库克的才华印象非常深刻。当他在海军军部获得晋升时，他也带上了库克。

库克在7年战争中的制图技术和领导能力使他最终赢得了英国皇家海军舰艇"奋进号"的指挥权。这是一艘皇家海军考察船,他以这艘船船长的身份开启了他的传奇航程。

库克的成功取决于三个人:斯科托、沃克和帕利泽。他们认识到他的天赋并助其发展。如果没有这些慧眼识英才的资助人,他可能会在默默无闻的贫困中度过余生,而不能成为一位受人尊敬的冒险家。

詹姆斯·库克船长在日志中写道,他"比之前任何人都航行得更远"。《星际迷航》的流行文化偶像詹姆斯·T.柯克舰长就是以库克为原型的。他的座右铭"勇敢地驶向前人未至之处"很可能属于库克。

这正是人们在工作中期待的:大胆地去以前他们没有去过的地方。他们希望冒险进入未知的领域,把自己和公司带到从未去过的所在。

可是我们人类也喜欢一定程度的可预测性。如果我们得到了在水晶球中看未来的机会,相信我们大多数人都会去偷看。我们喜欢按一下开关,灯就亮了。当我们能够预测未来时,我们就提升了自己的安全感。当我们相信自己能够控制环境时,我们会更加自信。即使是像蜂鸟一样经常从一个机会跳到下一个机会的千禧一代也相信,与换工作或创业相比,坚持待在同一家公司并沿着公司的晋升阶梯向上攀爬更利于薪水的增长。[2]但是,控制感只是一种幻觉。我们都不知道未来会带给我们什么。

这是一个令人迷惑的难题。颠覆促进创新，它还挑战了当前的、通常被人们牢牢掌握的却没有提供明确替代方案的实践。在寻找管理员工的最佳方式时，这一点尤其模糊。

这就是 S 型曲线模型的来源。在颠覆性创新基金中，我们在投资决策中采用了由社会学家 E. M. 罗杰斯推广的一种 S 型曲线模型。在投资方面，S 型曲线模型被用来衡量一项创新将被采用的速度和它渗透市场的速度。S 型曲线有助于使那些不可预测的事情变得可预测。在 S 型曲线的底部，进步相对缓慢，直到达到临界点（即曲线的拐点）。接着是高速增长（即曲线的陡峭部分），直到缓慢增长再次发生（因为市场饱和导致 S 型曲线的顶端变平），如图 1-1 所示。

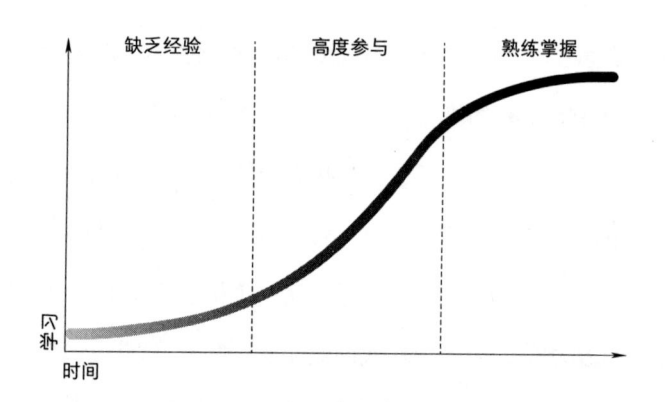

图 1-1 S 型学习曲线

S型曲线还能帮助我们了解个人职业的发展和变化。S型曲线的数学原理告诉我们，一个人在早期可能会处于S型曲线的底部，他的成长之路像一个艰难行进的过程。原因和结果似乎是脱节的，一个人付出了巨大的努力却收效甚微。了解这一点有助于我们避免气馁。

当我们经过几天、几周和几个月的练习后，我们将加快速度，沿着S型曲线前进，随之而来的就是能力和信心的迅速提升。这是S型曲线令人兴奋的部分，我们所有的神经元都在这里活动。这也是那个最佳点。

当我们接近熟练掌握阶段时，任务会变得越来越容易。这在一段时间内是令人满意的，但因为再也享受不到学习带来的良好效果，我们很可能会感到厌倦。如果我们在曲线顶端停留太久，我们的高原就会变成绝壁。

人人都有一条S型曲线

在我主持的一次会议上，一位首席执行官对我说："我80%的员工没有S型曲线，他们根本不在乎。"我能从他的声音中听出沮丧，这种情况是真实存在的。但他的这种论断是不对的。确实有不同类型的曲线和影响它们的因素，但每个人都有一条S型曲线。在整个职业生涯中，我们大多数人都会发现其中的几条，甚至是很多条。

如果员工"不在乎"，并不意味着他们就没有S型曲线，而是意味着他们的投入不够。几乎每个人都在寻找成长的机会。一个人如果不能与公司一起成长，就会逐渐远离公司。与任何规则一样，这也会有例外。有些人是不会成长的，不管你怎样帮助他们。但那些过去表现出色而现在表现不佳的员工怎么办？如果他们到了该开启新曲线的时候却不情愿，你就需要推他们一把。

想想面包中的酵母：只要一点点就能使整个面团发酵，但如果发酵的时间太长，面团就瘪了，因为化学反应的能量会自己消耗殆尽。关键是在合适的时候揉好发酵的面团，烘烤我们的面包，并为做下一批面包预留一些"面起子"。你的员工们的能量就在那里等待着你去开发，他们需要定期重新开始。你要确保他们能够并愿意为你的组织提供上升的动力，而且是一遍又一遍地这样做。

索尔·卡普兰是商业创新工厂的创始人。他曾经告诉我："我一直在寻找陡峭的学习曲线，因为那是我最擅长的工作：像人猿泰山那样从一条曲线跃到另一条曲线。"其实我们大多数人都是这样。如果我们希望员工保持高水平的工作状态，那么S型曲线管理策略是关键。

卓越团队与学习曲线

正如一个投资者拥有多元化的投资组合一样（例如，你不会把所有的钱都投到同一家公司），你的团队也应该包含处于不同发展阶段的员工。把你的团队想象成处在个人S型曲线上不同位置的一群人，你的目标是优化位于曲线底部、中部、顶端的员工比例：大约15%在底部，70%左右处于中间最佳点，15%位于曲线的顶端。

假设新的团队成员将在大约6个月的时间内处于曲线的底部——当然实际情况会因工作的难度和个人能力的高低而有所不同。到6个月的时候，他们应该已经到达临界点，并且已经进入光滑陡峭的学习曲线背部。在这个阶段，他们将达到生产力的顶峰，也就是说，他们应该会在这一阶段停留3~4年。到4年左右时，他们将会进入熟练掌握阶段。在这个阶段，员工可以轻松自信地完成每一项任务，同时这个到达曲线顶端的员工还能指导那些正在底部冲浪的团队新成员。但是，如果没有新挑战的激励，这种轻松甚至是自信，很快就会恶化为厌倦。过不了多久，他们就该开启新的学习曲线了。

绘制团队的S型曲线

我们已经开发了一个工具，来帮助你确定你和你的团队成员，甚至你的潜在员工可能出现在S型曲线上的哪一位置。你可以在我的网站whitneyjohnson.com/diagnostic上下载S型曲线定位器（SCL）。它有助于每个团队成员了解结果是否符合他们的预期。如果不符合，问一下原因是很有用的。从管理的角度看，这个总体结果是对潜在人才和创新能力的直观反映。

考虑一下一家全球医疗保健公司的情况。在对近1 000名员工进行S型曲线定位后，我们发现大约5%的员工处于曲线的底部。这一阶段的特点是高度的挑战、激烈的竞争和个人成长。71%的调查对象处于S型曲线的中间部分，这表明他们受到了挑战，有继续学习和成长的空间。24%的调查对象位于曲线的顶端，这表明他们已经到达熟练掌握阶段，他们可能需要一个新的机会帮助他们保持投入的状态。管理者如果认为这是件好事，那么情有可原，但以我的经验来看，24%的比例太高了。这些有价值的员工已经走出了最佳点，进入了潜在的危险地带。他们中的大多数人都不想离开公司去尝试新东西，并且大多数人对公司的使命和价值表现出极大的兴奋，但其中40%的员工感到缺乏挑战。对管理者来说，这是一个重要的数据点。如果你有太多员工处于曲线顶端，这是一个确切的信号，表明你有被颠覆的风险。那些处于曲线顶端的人可能是表现出色的人，但他们如果在那里待得时间太长，就会感到厌倦，然后离开，或者变得自满。公司里有这些厌倦和自满的人，自然疏于创新，而结果就是公司被颠覆。另一方面，大部分处于曲线顶端的人为公司提供了一个机会：利用其处于休眠状态的创新能力。

与之形成鲜明对比的是 WD-40 公司。我在前言中简要介绍了这家公司令人惊讶的敬业度得分，而我的评估也得出我们在一个敬业的工作场所预期的人数平衡：少数（5.6%）员工在测试中得分较低，这表明他们可能正对应着 S 型曲线的高挑战部分，并在努力习得能力；大多数人（88.3%）处于高参与度和高生产率的最佳点，这表明他们正在学习，正在感受挑战，并在当前的角色中享受着成长的快乐；相对较少（6.1%）的员工处于 S 型曲线的顶端，这表明他们已经达到熟练掌握技能的水平，可能需要一条新的、更具挑战性的道路；另外 5% 的人正在接近熟练掌握这一阶段。

要明确的一点是，并不是所有处于 S 型曲线顶端的员工都需要跳槽。虽然一些处于顶端的员工可能已经陷入自满和享受福利的窠臼，但如果能给他们一些具有挑战性的工作，那么他们中的一些人还是能在当前的职位上停留更长时间的。特别是在对智力要求比较高的领域，一个人可能需要许多年才能真正熟练地掌握一项技能。只要意识到单调乏味会削弱工作表现，我们就能观察到员工跳槽的迹象。我们将在第六章和第七章更多地讨论曲线顶端的问题。

下好一盘棋，需要关注每一颗棋子

国际象棋是一种典型的战略游戏。棋盘上不是只有一个能代表你的棋子，而是有很多棋子，有一支完整的队伍。与在棋盘上的许多棋子都做同样事情的西洋跳棋不同，国际象棋的棋子是由特定的角色来定义的。它们各自有不同的走法，同时又能协同工作。一个优秀的棋手既了解不同棋子的特定走法，又知道如何以互补的方式部署它们。

作为领导者，我们既要看到全局，又要了解不同个体的角色。当我们能以最佳方式协调这些人的角色，并且总能提前想出下面几步走法时，我们的团队目标就能实现了。

当然，这种类比也有一些缺点。我们雇用的不是无生命的物体，而是享有充分自由的人。他们可以随心所欲地离开我们这个棋盘，转而为别人效力。他们也没有一套受到限制的既定动作。他们扮演的角色最初可能为他们提供了一个做贡献的机会，但最终可能会变成一种束缚。一个人在 S 型曲线内是有潜能的，但这种潜能最终会被耗尽。作为管理者，我希望你能够认识到，一直在扮演某个角色的人，他在何时已经做好了尝试新事物的准备。想想那个在棋盘上横冲直撞的小兵吧！它最终得到了成为王后的奖励。这既是小兵的能力大幅提高的结果，也是棋手的选择能力突飞猛进的结果。

吉姆·斯金纳是麦当劳的前首席执行官，他就是一个很好的"小兵变王后"的例子。斯金纳完全不具备标准的首席执行官的资历。他没有工商管理硕士学位，甚至连大学都没毕业。他的第一份工作是卖汉堡包。但在过去的 40 多年里，他能够担任多种角色，并最终晋升为首席执行官。当他的前任因为健康问题辞职时，他获得了最高职位。在他的任期内，麦当劳被经营得很好，但斯金纳最持久的贡献可能是他对人才发展的重视。或许是因为他本人没有大学文凭，他非常注重员工的培训和发展。在成为首席执行官一年后，斯金纳创建了一个领导力学院，要求所有高管至少要培养两位潜在的继任者——一位是今天就能胜任工作的人，用麦当劳的话说就是"现在就准备好了"；另一位是成为未来替代者的人，就是"未来准备好的"。[3]

把人们限制在特定的角色或职位对你的业务没有好处。你要争取成为棋艺大师，在允许棋子自行移动的同时，为他们提供长远的规划和协调的配合。艾伦·穆拉利是福特公司的前首席执行官。他在波音公司开始了自己的职业生涯。由于表现出色，他从个人贡献者被提升为管理者。几个月后，穆拉利的直接下属之一，一位才华横溢的工程师宣布辞职。当穆拉利问他为什么时，这位工程师说："你管得太细了。你已经对我的工作做了14项改动。你的工作不是做我的工作，而是帮我了解大局，让我加入工作关系网，支持我。"穆拉利极力挽留，但这个员工最后还是辞职了。穆拉利后来成为我们这个时代最优秀的首席执行官之一，他显然从中吸取了教训。[4]

积极、能干、能够应对新挑战的员工是一个组织内部最重要的创新驱动者。作家亚历克斯·哈利说过："一位老人的去世，就像一座图书馆被烧毁了一样。"[5]而员工离开一家公司，就像书籍着了火——我们失去了大量至关重要的机构知识和专业知识。别让我们成为组织中焚烧创新书籍的那些人吧！

奖励那些培养了人才的管理者

我们想要甚至期望，当有人进入我们的团队时，他们的培养工作已经完成了。那我们为什么还要奖励那些专注于发展人才的人呢？我们不会去奖励。有了必要的专业知识，我们重点关注一下数字，就可以因此获得奖励。你只要看看下面这些指标。销售的小部件数量：核对。客户或打电话的客户的数量：核对。获得人才的数量？无。被挖走的人才的数量？无。后两项指标是不会被考虑的。你本能地知道它们应该被考虑，但还是忽略了它们。难怪我们不愿意奖励那些碰巧善于培养人才的管理者。

如果我们想通过精心策划开启新的S型曲线来获得个人颠覆的力量，那么我们应该重新考虑如何评估那些管理起飞和降落的人。你可以有一个简单的开始，就是创建一些指标奖励那些人才的发现者和培养人。乔·泰勒是人才管理咨询公司Let's Talk Talent的总监，她分享了她在一家总部设在英国的电信公司Talk Talk担任人才管理总监的3年里使用的一些方法。"把人才培养纳入高级管理人员的绩效考核模型，并告诉他们只有培养了自己的员工，他们才能获得一定比例的奖金。你可以通过来自直接下属的360度评估衡量这一点，你还可以通过这些评价快速评估哪些管理人员正在做这种开发，然后重点关注那些没有额外培训和资源的管理人员。"

Talk Talk公司还为公司员工的内部流动设立了一个很高的目标：他们希望60%的现有职位能由公司内部人员担任。该公司的理念是，企业，而非个人管理者，拥有这些人才。这种做法鼓励和激励管理者培养人才，并允许他们在公司内部担任新的角色。将泰勒在 Talk Talk 公司开始任职时的统计数据与她离职时的数据进行对比，我们发现人才培养和员工内部流动提高了员工的敬业度：内部流动率从 35% 增长到 50%，员工的敬业度从 56% 上升到 76%，公司的盈利从每股 1.3 美元上升到 3 美元。

另一种判断谁正在培养人才的办法是，首先分析一下哪些人在带来成果，哪些人获得了晋升，哪些人在寻找有趣的机会，然后询问他们是谁的下属。如果员工更倾向于辞职而不是开启新的曲线，这就是个危险的信号。人力资源管理专家戴维·尤里奇说得很好："与其问千万富翁赚了多少钱，不如问他们创造了多少百万富翁。"例如，时代公司的健康品牌主编洛里·列伊博维奇已经管理和培养了好几名记者，他们都在该领域很有声望，其中包括一位《纽约》杂志的自由撰稿人和一位《时尚》杂志的执行主编。这就是人们想为之工作的人。在你的组织里，谁有培养人才的记录？

我在美林证券公司担任股票研究分析师时，一些杰出的人士都在为我工作，如迈克·科佩尔曼。当有机会为全球领先的媒体分析师杰西卡·瑞夫·科恩（她报道了像新闻集团这样的公司）工作时，我建议并为迈克安排了调动。这对我和我的团队来说是个巨大的损失，但对整个美林公司来说却是个福音。然而与 Talk Talk 公司不同的是，在美林公司，人才培养并不是业绩评估的一个衡量标准。美林公司的管理者都是自己承担培养人才的风险的。你如果希望管理者能够帮助员工成长，就为此奖励他们吧。

雇用积极主动的人

金·斯伦·理查森 12 岁从柬埔寨的一个难民营来到美国，当时她既不会说英语，也不会英文读写。她最初被安排和 9 岁的孩子们一起学习，但她很快赶上了学业，19 岁时就高中毕业了。23 岁时，她开始在 CPS 技术公司工作，这是一家位于马萨诸塞州诺顿市的材料制造厂家，她在工厂里担任初级装配操作员。6 个月后，她看到了一个进入质量保证部门的机会。当时她对 Word、Excel 和 Access 一无所知，而以上这些都是她完成检查文档必须使用的软件。她愿意把它们弄清楚，并且 CPS 技术公司提供了培训，这样她就可以学习了。她说："当我去工作的时候，我总是百分之百地付出。我有一种强烈的渴望，然后往往就得到了机会。"20 年来，这种情况一再发生。

现在她管理CPS技术公司的制造业务。首席执行官格兰特·贝内特这样说起她："有时金非常主动，有时她需要被敲打。但不管怎样，我们都知道她会做好工作。她是我认识的最能干的人之一。"

金的故事强调了个人颠覆这种管理方法的一个重要前提——你只有在管理那些能够自我管理的人时，它才起作用。你需要的人有这样的特质：无论有没有持续的监督，他们都会相信自己做的事情很重要，愿意承担责任。他们准时到达了吗？他们准备好开会了吗？这些都是关于他们个人责任心水平的线索。一位高效的管理者会希望给这些能自我启动、自我监督、自我管理的高绩效员工以机会，让他们跃上新的S型曲线。

在诺华公司（世界三大药企之一）重组期间，海娜·英纳姆与老板分享了她对自己一直关注的某个总经理职位的看法。（重组常常孕育着个人颠覆。）作为一个热身，领导层希望她在销售上做一个轮岗，把格柏公司的产品卖给沃尔玛公司。她这次轮岗部门的经理是加里·平可夫斯基。对于像英纳姆这样非常重视数字的沃顿商学院的毕业生来说，平可夫斯基的领导风格是出人意料的。在他们一对一的谈话中，他只问了3个问题：你好吗？你的员工怎么样？还有，业务怎么样？平可夫斯基的高瞻远瞩和高水平的管理方法从他问的问题数量（只有3个）

和基调（第一个和第二个都是关于人的）中可见一斑。

在3年内，英纳姆升到了总经理的职位，并面临着一个选择：有机会接管诺华公司对沃尔玛公司的销售领导职位——价值10亿美元的业务，或者成为墨西哥分公司的总经理——价值1亿美元的业务。墨西哥分公司的职位没有那么吸引人，但这会给她全盘管理业务的机会，包括商业和研发功能，还能让她发挥她文化适应能力强的优势，这是她通过在3个大陆、5个国家的生活发展起来的一种能力。最后她选择了在墨西哥工作的机会。接受这个挑战后，英纳姆现在要向蒂姆·斯特朗汇报工作，他一向以信任下属和放权管理而闻名。两年后，她扭转了墨西哥的业务局面，并且成为9万名员工中因表现出色而获奖的10个人之一。

英国广播公司的前主管安东尼·杰伊认为，留住表现出色的人才靠的是领导层的权力下放。重要的是你要鼓励员工成为自我空间的创始人，给他们机会去做他们想做的事情。"传统的管理等级制度，"杰伊写道，"就像一个封闭的城邦。一位年轻的管理者环顾四周，看到的是制约理想和抱负的群山。"被限制的理想和抱负是使员工脱离公司的温床：有才能的人要么离开，要么痛苦地被迫接受那些令人不满的限制条件。"公司主管可能会告诉你，一个组织不可能有太多优秀的管理者，但他们错了。组织没能让管理者一直保持优秀的状态，是因为它没有不断地布置一些与他们的能力相匹配的任务。"我们必须进行分配和重新分配，"以确保高质量的员工留在公司，并保持好的状态"。

将团队作为个人 S 型曲线的集合来管理，意味着权力的分散。在最低限度的监督下，人们应该能够独立地发挥作用。他们既能为整体利益工作，又能创造自己的财富。"权力的真正乐趣是自由带来的快乐。"杰伊说。[6]

想想你最好的老板吧！像海娜·英纳姆的前老板蒂姆·斯特朗和现任邮政食品公司销售副总裁加里·平可夫斯基。最好的老板为你提供成功的可能，并且相信你一旦知道了规则，就能进行自我管理。当你促成了个人颠覆，你就能组建一支高成长型团队，成为员工想要为之工作和喜爱的老板。

小 结

S 型曲线传统上被用于模拟创新产品和服务在市场中的分布，也是了解和规划职业颠覆的一种有效模型。

S 型曲线代表 3 个不同的颠覆阶段：

1. 曲线底部，包括挑战性和有时是缓慢的对能力的推动。

2. 曲线尾部向上摆动的位置，是获得能力和快速进步的阶段。

3. 曲线顶端，此处代表能力已经进化到熟练掌握阶段，并可以迅速发展为员工的无聊和离开。

这就需要加入一条新的曲线，以重新吸引和保持员工的生产力。

低敬业度一直是对企业成长和盈利能力的挑战。

创建一支功能强大的 S 型曲线集合团队：在曲线的底部和顶端只有一小部分人，而大多数人处于向上爬坡的最佳位置。

2
促进学习和成长的 7 大因素

颠覆运动

必须源自内部。

——列夫·托尔斯泰

想想一条沥青铺成的路，本来在某处只有一条发丝般的裂缝，因为很小，所以还无须修补。这时正好遇上雨或融化的雪，水渗入沥青，冻结，膨胀——沥青就裂开了。

沥青具有巨大的拉伸强度——它可以承受数千磅[①]的表面压力或外部压力，那它为什么裂了？因为它的拉伸强度要小得

[①] 1磅≈0.45千克。——编者注

多，它无法承受来自内部的压力。

人有点儿像沥青。我们可以处理很多外部压力。我们如果有坚持下去的力量，那就是一件好事。但我们如果在面对无法承受的事情时试图抗拒，那就不是好事了。

如果压力来自内部会发生什么？如果你有勇气，甚至迫切地需要去尝试一些新东西怎么办？是驾驭，而不是抵抗颠覆的浪潮吧？这就是相对较弱的抗拉强度对你有利的地方。只是一些小小的变化，像水滴一样渗透、膨胀，就能打破你过去的自我限制，为一个全新而更好的你创造空间。

在本书中，我将重提我在《颠覆式成长》一书中提到的个人颠覆的 7 个阶段性过程。我会解释为什么这 7 点对作为管理者的你同样适用。虽然改变必须来自内部，但你可以从外部做很多事情来帮助你的员工。

让团队直面市场风险

S 型曲线底部是一个不舒服而且危险的地方。在这个区域，一切都是新的，有那么多需要学习的东西，而且进步可能很慢，有时候会是相当长的一段时间（我们将在第四章中更多地讨论这个问题）。你的新员工正在竭尽全力地工作，几乎达到了他们能力的极限。作为一名管理者，你很容易对他们进步的速度感到不耐烦或者焦虑，你甚至会怀疑是不是招错了人。

你可以通过承担适当的风险来减轻这种疑虑。

有两种需要考虑的风险：竞争风险和市场风险。

竞争风险来自竞争。你如何能成功地与10位、20位，甚至50位申请者竞争一个机会？或者和6名同样有资格的人竞争一个升职的机会？这是个残酷的数学问题，胜者和负者之比令人望而生畏。

然而，市场风险意味着创造全新的竞争舞台，可能没有正式的工作岗位，甚至连固定的职位都没有。但是你发现了一个缺口，并明确表达了用一份新工作填补它的方法，而这份工作是为你的专长量身定做的。你可能会被告知"不用，谢谢"，但如果一个管理者对你的想法说"好的，请吧"，这个职位就没有任何竞争了。你可能有被拒绝的风险，但没有被别人打败的风险。

萨拉·法因戈尔德是汽车销售商吾优公司（Vroom）的法律总顾问，她与我分享了她以前是如何获得网上零售平台Etsy的高级顾问这一职位的。除了当律师，法因戈尔德还是一位很有造诣的定制珠宝制造商。她一直在Etsy上卖她的作品。得知Etsy有意改变平台的法律政策，她决定写信给客户服务团队，向他们无偿地提供建议。当客户服务团队不理睬她时，她讲述道："我和他们说，你们知道些什么？我要直接跟你们的创始人谈谈。他们给了我创始人的电话号码，我们谈了大约半个小时。当我挂断电话时，我想，这家公司太棒了，我喜欢这家公司。我可以为这家公司增加价值，而且它显然可以利用我增加的这种价值。我订了一张捷蓝航空公司的机票，然后给那位创始人回了电话。'我是来面试的，'我说，'你需要一个内部法律顾问，那个人就是我。'"[1]

人们往往被竞争风险吸引，因为它似乎更安全。这是众所周知的。一份可做的工作似乎比一份还不存在的工作风险要小。这似乎有违直觉，但根据颠覆理论，这种风险评估逻辑是有缺陷的。[2]

管理者对确定性的诱惑缺少免疫力。空缺职位的招聘广告常常和上次招聘时的一样，管理者并没有对职位需求重新进行评估。结果是，新员工经常被招进来从事一项现任员工出于必要已经开始从事的工作。现在有一个重叠，即工作的重复，会导致你的员工发生冲突。当你让同一个团队的人互相竞争时，从某种程度上说，这种事几乎注定会失败。

每位员工（和每位管理者）都需要一条可以攀升的个人曲

线。在雇用或安排一位员工担任新角色时，你的出发点应尽可能地倾向于市场风险。在你的团队或业务中，什么需求还没有被满足？在现有的团队成员之间重新分配责任有意义吗？需要创造一个新职位吗？如果你的目光超出现有的工作范畴，你能找到更多高素质的候选人吗？

如果你愿意承担市场风险，给新员工新挑战，而不是让他们做重复的工作，那么你会提高员工（和你自己）的成功概率。

发挥个人的独特优势

我曾问一家大型跨国公司的100名员工，他们中有多少人在工作中发挥了自己的优势，只有不到5%的人举手。随着调查的推进，这一比例显得异常低，但它仍然具有指导意义。

你要想达到最高水平，你团队中的每个成员都必须在能发挥个人优势的职位上工作。我现在谈的不是团队的整体优势，而是每个人的独特优势。一个人能做好，而团队中的其他人却做不好的事是什么？这些优势使个体有能力解决什么样的问题？作为一名管理者，你的工作就是找出每个人做得特别好的事情，并将这些能力与那些能发挥他们优势的任务相匹配。

这种强大的组合（能力＋任务）能使团队成员突破富有挑战性的S型曲线底部。

不要以为人人都知道自己的优势。我们通常很难发现自己的超能力，因为它们都是你靠本能就能做得很好的事，比如呼吸。你的优势经常是无形的，所以你会忽略它们——低估那些容易得到的东西是人类的天性。这就是为什么我们有时会给员工匹配错误的工作职责。因为他们在简历上写的都是要努力去做的事，而不是不假思索就能做的事。你要找到下属的优势——他们的超能力和他们的天赋，并发挥它们。

同时你也要注意，如果你的下属不像你这么强大，你可能会对他们的优势视而不见。沃尔特·奥布莱恩是蝎子计算机服务公司的创始人和电视剧《天蝎》的灵感来源。他是一个神童，从9岁就开始用电脑编程。他参加了世界信息学奥林匹克竞赛，并在18岁时名列世界第六。奥布莱恩创办了自己的公司来帮助人们解决问题（最初大多是技术问题，但这些年来公司承担的挑战明显超过了这个范围）。

一开始，奥布莱恩雇用的都是和他一样的人：高智商的技术天才。"我认为拥有一家汇集众多天才的公司是个好主意，"他说，"但是我错了。当我把两个天才放在同一个项目上时，他们竟然试图互相残杀，同时还一直侮辱客户。就在那时，我开始意识到有一种东西叫作情商（情绪智商），它包括常识和社交技能。通常情况下，智商越高，情商越低，所以我需要去获得那个叫作情商的东西。"[3] 奥布莱恩认识到他需要那些在他不擅长的方面很强大的人，于是他开始雇用单身母亲、小学教师、心理学家——这些人拥有自我意识、共情能力等，并且有处理冲突的能力。这些高情商的员工在蝎子公司的高智商技术专家和客户之间担任联络员，并被昵称为"超级保姆"。

发挥你的优势是很重要的，比如成为一名电脑天才。但是在一间满是电脑天才的房间里，独特的优势是情商。你要发挥员工的独特优势，鼓励他们在别人不涉足的地方发挥作用，这样，你就创造了一个飞轮来帮助你的团队快速攀升 S 型曲线。

施加合理的约束

约束是一个容易引起负面反应的词。我们想要无限的、无穷无尽的自由，或者我们认为自己是这样想的。

以重力为例，它是一种永恒的、看不见的但强有力的约束。如果我们想操纵重力的约束，按常理来说，我们需要创新。我们发明了降落伞、悬挂式滑翔机和热气球，掌握了空气动力学和喷气燃料的化学知识，进行火箭推进试验，等等。

在我们的组织内部，约束也是这样起作用的。在一条新曲线的底部，约束几乎是不可避免的，比如可能没有足够的专门知识、支持或资金。这些限制可以阻止进步，但如果换个角度想一想，那么它们也可以迫使我们变得足智多谋。创造性行为推动我们沿着S型曲线前进。

凯莉·霍伊曾在伟凯律师事务所任职。这是一家全球性的法律事务所。4年以后，她的能力已经远胜她的职位要求。她和老板蒂姆·惠特尼讨论了她的选择、可以担任的角色和她可能创造的角色。他们权衡了许多因素，从职业规划到预算，再到公司政治。她决定着手重建一个全球校友项目。该项目之前曾被大张旗鼓地启动，但由于缺乏后续行动而失败了。这是一项艰巨的任务，除了凯莉，几乎没有任何可调拨资源。没有预算，没有人员，没有可靠的数据库。面对这一严峻的新挑战，凯莉的创造力逐渐显现出来。她找到了跟踪和收集校友数据的方法。虽然这时还是社交媒体的早期阶段，但她想出了如何利用它的办法。18个月后，凯莉联系上了一群互不认识的校友。

对一个已经长期面对挑战而又感觉资源短缺的管理团队来说，团队成员3~4年就需要学习、挑战新角色，而且这一过程要重复发生，你也许一想到这点就觉得很烦躁。当一个人处于最佳状态时,你为什么还要他继续前进?因为"最好"是暂时的。在3~4年时,你如果不推动员工转变角色,他们就无法继续以最高水平工作。凯莉·霍伊的老板蒂姆·惠特尼非常明白这一点。即使最锋利的刀也会因反复使用而变得迟钝。

时间限制

我渴望——这并不是一个语气很强的词——一个自由的工作日,能专心做我想做的任何事情。没有电话,没有即将到来的最后期限,也没有需要回复的电子邮件。但当那个梦寐以求的自由日到来的时候,我却变得焦虑。我要做什么?我有这么多要做的事。我要迟到了。干什么事迟到了?我甚至都不知道。我能就这样消磨掉好几个小时。在情绪好的时候,我会把一天分成更小的时间单位来对付焦虑。例如,我会安排一个小时,甚至半小时的写作,然后休息一下,绕着街区走走。当我给自己制定一个时间限制时,比如一个小时的工作时间,我的效率就会大大提高。

当我们管理员工时,情况也是如此。当我们试图让一件好事顺利进行并超过它的有效期时,收益递减的规律就开始发挥作用了。想想我们对食物的了解。欧洲工商管理学院

（INSEAD）的市场营销教授皮埃尔·钱顿说，我们吃第一口食物是最快乐的，而最后一口食物会决定这次用餐的整体感觉。如果我们吃得太多，最后一口食物就不会太令人满意，而这本来可以是一次积极的就餐体验，现在却变得不那么令人愉快了。[4]

工作场合同样有这些特点。人们经常与我分享说，他们换了一份工作，因为直觉告诉他们是时候该这么做了。他们还记得尝试新鲜事物的乐趣，并希望再次拥有这种感觉。其他人则忽略了自己的直觉，一味地追求工作保障、薪水或福利。于是工作变得越来越不愉快，甚至很痛苦。即便是一开始令人感觉很好的体验，也会被消极地记住。

在任何一个特定的职位上，每位员工都有一个"保质期"。为了最大限度地发挥一个人的价值，我们可以把他的任期分成不同的时间段：前3个月和后3个月。大约6个月后，他们需要达成什么目标才能进入S型曲线的最佳位置？他们如果具备了所需能力，你希望他们在这3年内能实现什么目标？既然知道事情不会永远都朝着好的方向发展，你就要围绕已经达成的成就设立明确的期望。例如，员工在"毕业"前需要另学什么知识才能获得下一个内部机会？值得欣慰的一点是，对员工的培训会由多人承担，而不是仅仅由你这个管理者来承担。

3年的一般规则也会有例外。弗朗兹·布斯是一位火箭科学家，他曾供职于麻省理工学院的林肯实验室，现在他是新成立的哈拉系统公司的首席技术官。他认为他所在的领域以及某些其他领域，如神经外科，在智力上要求如此严谨而且发展如此迅速，以至"在3年内，（从业者）仍然不太知道如何做出正确的决定"。在这些情况下，S型曲线会有一个又长又浅、坡度较缓而不陡峭的线路，人们可能需要花整个职业生涯才能走完它。通过新的项目、任务和团队配置，你可以获得由颠覆带来的精神焕发。关键在于多样性，就像农民轮作作物或狗饲养人引入新的血统一样。

除了例外情况，员工们的任期规定很明确：3到6个月赶上进度，3到4年做贡献，再有3到6个月帮助别人赶上进度。注意力和效率是短期工作的成果。通过在我们管理的每个角色的S型曲线上增加时间限制，我们可以期望更好的个人表现和能力更强的团队的出现。

专业知识限制

当我们有意识地利用处于S型曲线底部、中端和顶端的人来创建团队时，我们必须接受团队在任何时候都会有高达15%的人处于底部这一事实，这15%的人会因为缺乏经验被限制。这些员工可能正在挣扎或者犹豫。我们需要耐心,因为人们在曲线上前进时,有时会很慢。这种劣势可以被新员工带来的新观点抵消。新员工的想法可能看起来很幼稚,有时候甚至很自负——这是因为他们还没有获得质疑的权利。但他们作为新员工的优势,以及随之而来的质疑能力,能发挥作用的时间很短暂。你要认真考虑他们的建议,它能给你的团队带来巨大的价值。

莉斯·怀斯曼是甲骨文公司的前主管,也是《纽约时报》畅销书《做乘法:最佳领导者如何让每个人更聪明》(*Multipliers: How the Best Leaders Make Everyone Smarter*)一书的作者。当怀斯曼刚从商学院毕业一年时,她的任务是为甲骨文公司建立一所企业大学,为这家年轻的软件公司带来旺盛的斗志。"因为我缺乏经验,所以我与参与方保持密切的联系,急切地寻求产品专家和高级领导的指导。"她说,"这份工作的规模和我的经验不成正比,这迫使我充分利用所有可用的资源。至于我和团队都缺乏的经验和信念,我们愿意用能证明自己的学习、创造性思考和快速取得胜利来补偿。"不到一年的时间,怀斯曼就被要求扩展甲骨文大学,让它为世界上的100多个国家服务。[5]缺乏经验成了她的创造工具。

专业知识不仅是限制,因为人们知道他们将在有限的时间内扮演自己的角色，所以他们一旦到达 S 型曲线的顶端，我们就会迫切地需要分享他们所知道的一切，这样组织的记忆就能保持完整。

约束可以让人产生敌对感，它就像我们所做之事的挑战者。但是如果我们能正确看待约束，它就可以提供一种让我们摆脱混乱的结构，减少资源过于自由造成的时间和金钱浪费。当我们把约束当作朋友而不是敌人来看待时，我们就会把精力放在与权力的斗争上，而权力才是成长的真正敌人。

推动团队成员的发展

权力是 S 型曲线上升的狡猾的破坏者。它有很多种伪装，比如一件事看似不公平，可能实际上并非不公平。就事情本身的是非曲直而言，我们应该因为提出一个好主意而获得晋升、加薪或表扬，却没有得到，于是我们判定整个宇宙都欠我们的。我们因此变得只关心自我，然后我们就退缩了。

而事情的另一面是，这个特权地位应该永远属于我们。当我们把难题交给合适的人（他们正好处在个人曲线的合适位置），那我们的团队将充满创新的活力。人类的本性是，从一开始就相信事情将会是这样，而且应该永远是这样：我建立了这支团队，所以我应该得到这块封地。现在我们担心失去一位明星成员会影响我们的前景，于是我们变成了"人才囤积者"。

我们能让人们成长，甚至帮助他们前进。拉朱·纳里塞蒂是吉兹莫多媒体集团的首席执行官，曾在新闻集团、《华尔街日报》和《华盛顿邮报》担任高级领导。他说："我越来越频繁地通过以下问题来衡量自己，我雇用的人在哪里？他们接下来做了什么？我为那些正在做更伟大、更重要的事情的人感到骄傲。"[6]人才和保守地调配人才可能会在一段时间内提升你的团队，但这样做总体上会误导你的业务。你要渴望做这样的领导者：不仅能看到员工现在是谁，而且能看到他们未来能成为谁。你要成为一位著名的人才开发者，只有这些人才继续前进，才会有更多的优秀人才涌现。

当你带领团队成员开启他们的学习曲线，与你自己的权力意识进行竞争时，你也要注意他们的这种意识。更多的技能就等于更多的自信，但他们仍然不是大师。当你的员工开始走出学习曲线的底部时，他们就处在这个阶段：知道一点儿，但知道得还不够多。

由于担心员工权力意识的增强，管理者有时会收回表扬。他们该做的恰恰相反，他们应该放大表扬的声音。顾问杰克·曾格和乔·福克曼在回顾了大约1万份360度评估后，发现最好的管理者既不吝赞扬，也会适当批评。显然，只有那些自认为伟大的管理者（但他们的员工并不这么看）才会更倾向于批评下属。[7]

我们的员工渴望得到表扬，而我们却很少表扬他们，部分原因是我们很难给予别人真正的赞美。[8]格雷琴·鲁宾帮助解释了这个原因。她写了《幸福哲学书》(The Happiness Project)一书。这本书记录了她一年来为了让自己变得更幸福而采取的积极行动，其灵感来自本杰明·富兰克林为提升自我而付出的努力。当鲁宾踏上这段旅程时，她将目标设定为"给予积极的评价"。"爱批评的人往往被认为更具洞察力。"她这样写道。各种研究得出的结论是："……人们往往认为批评他们的人比他们自己更聪明。尽管对别人热情似乎很容易，但事实上，认可某事比批评它要困难得多，而且风险更大。"鲁宾建议说："热情是一种社会勇气……给予积极评价需要谦虚……愿意为之高兴也需要谦虚，甚至是天真……"[9]

聪明的管理者要学会变得热情，鼓励自己的团队成员，而不是赋予他们权力。这是一种微妙的平衡。你还要注意表扬的内容，要表扬下属能控制的东西，比如付出的努力和与他人友好相处的意愿，尽量少赞美那些不受个人控制的品质，如天生的才能、外表、好运等。不受个人控制的品质往往会导致一种超乎寻常的特权感。

颠覆性创新会在一个充满感恩，而不是争权夺利的环境中蓬勃发展。这也许可以解释为什么成功的移民企业家所占比例很高。2010年，在《财富》世界500强公司中，超过40%的创始人是移民或移民子女。这可能是因为不同的文化使他们对个人特权不那么讨厌，或者不会被它蒙蔽，他们更珍惜一个可以在其中留下印记的开放的赛场。生活不是与人方便，工作也不是一味地迁就和包容——这一点对我们来说很幸运。持续不断的满足感并不利于我们沿着S型曲线上升，它分散了我们发挥无尽创新的注意力。

以退为进

当米歇尔·麦肯纳·道尔成为美国国家橄榄球联盟（NFL）的首席信息官时，她注意到她手下的很多人都在艰难地做着自己的工作。不是因为他们没有天赋，而是因为他们没有"被放到能发挥他们优势的地方"。她做了深入的分析，开始调整他们的位置，但这意味着有些人感觉他们后退了一步。例如，橄榄球技术副总裁约翰·卡夫会开发产品，但是他没有时间做这些，因为他要负责所有的系统开发，包括企业系统。"他明明能通过技术促进橄榄球的发展,为什么要让他被薪资系统压得喘不过气来?"麦肯纳·道尔问道。她设想了一个和他更匹配的职位。

美国国家橄榄球联盟希望让教练们在比赛中交流起来更容易。麦肯纳·道尔把这个任务交给了卡夫。"起初,他很担心,因为他的整个工作范围在缩小。我对他说,相信我,你将成为一名伟大的创新者。然后他真的成了这样一个人。"约翰·卡夫现在是橄榄球运动不可或缺的一分子,他为美国国家橄榄球联盟贡献了最高的价值。推动创新的不是组织的颠覆,而是个人的颠覆。能够将技能与有待解决的问题结合起来的管理者在引发这种颠覆时是非常宝贵的。[10]

在写作本书的过程中,我把下面这个问题发布在网上:"谁是你最好的老板?"在众多回复者中(似乎世界上有很多伟大的老板!)有一个叫维卡斯·巴格里的人。他是印度恰蒂斯加尔邦政府的社会媒体和市民创新顾问。几周后,我就坐在了维卡斯的前老板萨姆·皮特罗达位于芝加哥的办公室里。皮特罗达碰巧是世界上伟大的商业领袖和最具企业家素质的思想家之一。他曾经是印度前总理拉吉夫·甘地的顾问,拥有100多项国际专利,在印度的电信和技术发展方面发挥了重要作用。皮特罗达在印度执掌国家研究与发展组织远程信息处理发展中心（C-DOT）期间，在几个月的时间内，好几名员工宣布他们将去美国继续深造。他们的经理非常生气，想解雇他们。相反，皮特罗达为此举办了一个聚会。"我很高兴他们将要出国。"他说，"他们会带着在这里学到的所有知识……并且如果你们有任何问题，可以给在美国的他们打电话，他们会给你们答案。"

皮特罗达认识到，这些富有创新精神的工程师终究会开始新的努力。他并不遗憾他们的离开。他希望远程信息处理发展中心能成为一个伟大的技能发展实验室，这个名字会在每一份简历上闪闪发光。现在，远程信息处理发展中心的前员工在硅谷很常见，他们在世界各地的公司里担任着领导职务。[11]

想想一把弹弓：它通过向后拉产生向前的动力。对于皮特罗达手下7名想去美国留学的员工来说，初看留学这个决定像是一种倒退：短期的收入损失、职业网络的中断以及向新文化的迁移。但从长远来看，他们认为这种必要的、暂时的倒退有助于他们进一步发展。这也是皮特罗达对他的组织的看法：在短期内，他将失去7名非常有才华的员工。这确实是一种倒退。但从长远来看，通过庆祝他们的成功，他的组织将成为人才的中心。

支持额外的教育或培训是退一步发展的方式之一。在吸收一名新团队成员或鼓励一个人开启新曲线时，我们确实牺牲了一点儿短期生产力，而听取一名有好奇心的、头脑清晰的新团队成员的意见也使我们的自尊向后退了一步。

向后退往往很难。你可能正享受着在陡峭的曲线上向上爬的兴奋之旅，正火力全开，全力以赴，从在底部投入的努力中获得回报。为什么现在要后退呢？或者，就这个问题换一种问法，当一个员工正躺在曲线顶端的荣誉上休息，享受一点儿特权和权利的时候，为什么要激励他向后退呢？因为后退就是你的弹弓。

失败可以促进个人颠覆

并非所有的失败都可以避免，也不太可能避免。有时候事情搞砸，我们就要面对后果。我们可能不得不让一位员工离开。如果他曾是明星员工，那么将他重新安排到一条不同的曲线上也许是合理的。失败经常是鼓励一位员工再次尝试，并持续尝试的一个重要信号。我们的员工可能需要时间来吸收和调整他们收到的反馈，这需要他们的谦虚和我们的耐心。从失败中学习不是人的本能。但是，如果让失败具有教育意义，失败就能极大地促进个人颠覆。

斯科特·普西弗知道失败的痛苦，他也知道管理者在利用来自失败的反馈创造动力上扮演的角色有多么关键。从商学院毕业后不久，他就成了扬特拉公司的产品管理和营销副总裁，这是一家营收为 5 000 万美元的供应链软件初创公司。当扬特拉公司被价值 4.5 亿美元的斯特林商业公司［现在归 IBM（国际商业机器公司）所有］收购时，普西弗的职责范围从管理 7 个人迅速扩大到管理 75 个人。他负责远景规划和战略设计，并以个人和团体为基础与员工建立联系并影响他们。他的行政助理也适应了其他人的需要，并每周都帮他跟踪和撰写个人笔记。在普西弗任职期间，公司的营收攀升至 6 亿美元，而员工的年流动率从约 18% 降至不到 2%。由于普西弗对人才的关注，他成了一位深受员工爱戴的老板。

刚刚取得这些重大胜利的普西弗加入了亚马逊公司，在那里他向执行副总裁、现任亚历克萨（亚马逊的一家子公司）公司高级副总裁的汤姆·泰勒汇报工作。普西弗在一家名为亚马逊网络商店的新公司担任总经理。他于 2009 年 8 月入职，任务是经营这家只有试点客户、利润为零的企业。

在这个关键时期，泰勒邀请普西弗参加了一次户外的领导能力训练。在一场活动中，有 27 名来自亚马逊公司的高潜力员工参加了一场真实情景模拟训练，普西弗被选中接受每个团队成员的评价。他们称赞他做的每一件有效的事情，也真实地说出他的不足之处。有一种批评对他打击很大——尽管他自称是一个有爱心的人，但当他让员工在不合理和超负荷的压力下完成工作时，他给人的印象是毫无爱心可言。他成了没人愿意为之工作的老板。

普西弗回忆说："这太难了。有两次我不得不叫停，这些批评令人心力交瘁。我记得直到我回到家里，还感觉自己一文不值。现在我意识到这是我参加过的最有意义的培训。但如果当时汤姆·泰勒不在那里，培训就不会起作用。"泰勒把他拉到一边，对他说："在斯特林商业公司和在亚马逊站稳脚跟之间的某个时刻，你忘了自己是谁。"在压力之下，普西弗已经变得机械而冷漠。泰勒提醒他，当他把人放在首要位置时，他是最高效的。

普西弗显然听取了泰勒的忠告。现在，他是西部州长大学的校长。这是美国最大的非营利性大学之一，拥有 8.5 万多名学生。人们不禁要问：如果没有 360 度评估一针见血的测评，特别是如果没有汤姆·泰勒对普西弗的鼓励，让普西弗在成功的道路上正确地对待失败，这个角色会成为可能吗？

管理者有点儿像家长。如果你把自己的职责置于尴尬之地，你就会心安理得地接受自己无法帮助员工成长，更无法帮助他们激发颠覆式成长的意愿。在曲线的底部，这种情况很容易发生，尤其是当你在组织内部雇用新员工时。你甚至会期望他们举步维艰。如果员工是职场老人，你（和你的老板）可能还会耐心一点儿。这样做会带给他们学习的乐趣，他们的注意力不在试图得到别人的喜爱上，这让他们快速投入实际工作。

当员工处在 S 型曲线的最佳位置，这个阶段对管理者的挑战相对大一些，因为你发现自己想保护员工不受失败的伤害。从短期看，这样做能让你感觉良好。但是从长远看，过度保护会更危险。如果对他们的任务要求不高，他们的自信心就会开始动摇。他们变得不愿意进入别人尚未涉足的领域——这恰恰是创新的标志，并且他们不仅没有更出色的表现，反而成绩欠佳。你要给员工，特别是那些高潜力员工真正的延展性工作。[12]

费兹·法蒂是科伦特技术公司的首席执行官，这家公司是一个云和软件服务的支持平台。他讲述了他的技术团队中一位有价值且表现出色的成员的经历。我们就叫他约翰吧！为了谋求职业发展计划，约翰提出想要挑战一个高风险的战略合作项目。约翰如愿以偿，并充满热情地投入了工作。但项目失败了，一是因为约翰没有找到真正有决策权的人，二是因为他在没有验证假设的情况下进行了重要投资。

约翰的失误造成了短期的损失。他不仅没有挣到钱，而且错失了一个机会。但费兹借这次失败，改善了与约翰的合作关系，并引导约翰在失败中成长。现在，约翰做任何项目之前先做的事就是找到决策者。费兹说："出于约翰与我之间的相互尊重、他对成功的渴望和愿意给员工空间进行尝试的公司文化，我们把约翰的失败变成了对他和公司未来的一种投资。"

为你的团队留出犯错空间的一个可能的起点就是，为你的上司设定预期。例如，如果你是一位向公司高级管理层汇报工作的副总裁，Solenture 财富管理公司的高级薪酬顾问斯泰西·佩特里给你提出了如下建议："我可以选择某一方向。有 80% 的可能会成功，但是也存在风险。这对某些人来说也是一项具有挑战性的工作。无论是输还是赢，从业务和人员发展的角度来看，这都是正确的冒险。我和我的团队会全力以赴争取成功，但如果我们不成功，你会支持我们吗？你会支持我和团队度过这场危机吗？"大多数高层领导都忘了设定期望。"要诚实对待风险，"佩特里说，"但是也要重视聪明的冒险行为带来的人才发展。"任何一位认真考虑发展业务的高管都会认同这一观点。

允许"边做边完善"

在商业战略领域,"发现—驱动计划"因哥伦比亚商学院的教授丽塔·冈瑟·麦格拉思变得非常出名,它几乎可以被描述为一种"边做边完善"的行为。[13]你不是在学习如何做计划,而是在计划学习。你最初的计划很简单,它包括像"需要发生什么才能使这个计划奏效"这样的问题,然后随着反馈一点点增加,它会逐渐充实起来。

我们也可以用这种方法管理员工。例如,为了给一位有前途的销售人员留出在职位上的发展时间,我们设定的销售指标可以是:"在我们开始关注之前,他们前6个月的最低销售目标是什么?"当你了解这个人的能力后,你可以定期重新调配他们,提升他们自身优势与团队或企业需求的匹配度。我们刻意把工作描述和要求写得很模糊也很简单,而不是非常严格。这有助于吸引那些现在就能做贡献的有才华的希望之星,同时为你尚未考虑的角色提供潜力之星。数据告诉我们,在成功的新企业中,70%的企业最终走上了与它们的最初追求截然不同的道路。对一个人来说,不也一样吗?灵活就是优势。

人们往往忽视自己的天赋(他们的超能力)而突出他们

通过努力获得的技能,这的确是事实。这意味着你偶尔会发现你雇用了某个处于错误的 S 型曲线上的人。这不是因为他们不想做好工作,而是他们在面试过程中展示的是他们做得好,却未必是做得最好的工作。在这种情况下,你不妨为他们找到另外一条 S 型曲线。如果员工有能力,但是不想做好工作,他们同样处在一条错误的曲线上,甚至处在错误的组织中。

作为一位颠覆性的管理者,你的心中应该有一个目标和一个终点。但你怎样才能把团队带到那里?每个团队成员将扮演什么角色?下面这个故事是在流传过程中被发现的。NBA(美国男子篮球职业联赛)犹他爵士队的主教练奎因·斯奈德用一种发现—驱动的方法管理他的球员。在 2016—2017 年的篮球赛季中,球队饱受伤病困扰,这迫使斯奈德不断调整他的 5 人阵容。在整个赛季共 82 场比赛的前 75 场比赛中,他使用了令人难以置信的 22 种不同的首发阵容,并想出了在比赛进行中如何优化场上队员的办法。[14] 斯奈德在培养队员时重点强调适应性。队员的能力能从一个角色迁移到另一个角色,这让他们比那些球员能力单一的球队更具竞争优势。

Chatbooks 是一家获得 B 轮融资的初创公司,它帮助人们用照片墙中的照片制作相册。该公司在公司内部雇用和分配员工时也采取了一种发现—驱动的方式。它通过寻找"成熟""好奇""善良""乐观"等品质来招聘具有"高级创造力"的候选人，而不是关注他们的出身。"有时他们具备明显的、长期的契合度，有时则没有。"公司的联合创始人瓦妮莎·奎格利解释说，"不管是哪种情况，如果他们很活跃，也很灵活，我们就尝试聘用他们，随着时间的推移，他们会转换到不同的角色。例如，我们的一位营销主管负责我们的电子邮件活动长达6个月之久，而我们一直在寻找能做这项工作的人。现在她正在负责一项新的内容方案。我们的业务开发主管在负责一个产品推广，但是我们发现，我们更希望利用她的技能来争取新的交易。我们愿意让员工转换到新的角色，使企业的需求与他们的爱好保持一致。"Chatbooks公司将个人发展的S型曲线与不断变化的商业需求相匹配的模式为公司提供了良好的服务。这家公司已经印刷了上亿张照片和几百万本书，并且在过去的3年中，公司每年的收入都增长了两倍。[15]

发现—驱动的方法可以让你决定你想完成什么目标（例如，每年增长15%的股本回报率），然后弄清楚谁能完成这个目标。谁能为实现你的目标付出代价（能力和意愿）？你对每个团队成员能做出的贡献有何设想？创建一个里程碑图，这样你就能知道员工在一个月、3个月等时间内是否处于正轨。如果有需要，修正一下路线。作为一名发现—驱动型的管理者，你要不断平衡团队的负载，以技能和意志为基础优化不同阶段的工作。让员工直面真正的挑战，创新就会随之而来。

小 结

管理者需要了解促进学习的 7 大因素，它们包括：

1. 适当的风险：成为人才的开发者。

2. 独特的优势：准确指出员工的才能并加以利用。

3. 接受约束：利用时间限制来激发和磨炼专注力。

4. 推动团队成员的发展：庆祝成功，慷慨地帮助员工发挥潜力。

5. 以退为进：牺牲短期生产力，鼓励员工开启新的曲线。

6. 失败可以促进个人颠覆：让员工接受不舒服的挑战，并支持他们走出失败的阴影。

7. 允许"边做边完善"：团队成员的技能和才华一旦显现，就要调整团队。

3

招聘和雇用

> 公司是一个有生命、会呼吸的躯体。
> 它不是在进化，就是在消亡。
>
> ——安吉拉·布兰查德

蒙大拿州的比尤特在19世纪中期开始吸引大量矿工，他们主要是去淘金和挖银。虽然取得了一些成功，但比尤特并没有达到早期淘金热带给人们的期望。尽管如此，它仍然被称为"地球上最富饶的山"。这是为什么？

在最初的热潮过后的几十年里，失望的投机者以极低的价格出售他们在比尤特的采矿权。少数人开始购买、合并所有权和采矿业务，相较于最早的定居者，他们攫取财富的步伐更从容。更重要的是，他们开始发现和开采铜——当时的一种低端资源。好几项技术的发展，主要是电线的发展，让铜变得值钱——非常值钱。那些当时拥有大部分产权和开采权的少数人成了世界上最富有的人，因为他们从发现—驱动的资源勘探和开发中获得了意外之财。他们被统称为"铜王"。比尤特为人们提供了一个千载难逢的发财机会，但那些想即刻实现暴富梦想的淘金者并没有认识到这种潜力。

当经理们告诉我，他们找不到合格的人选，抱怨学校没有培养出具备相应技能的毕业生，或者他们有一个无法填补的空缺时，我常常会想起比尤特的故事。事实真是这样吗？

想想你的公司或团队中目前空缺的一个职位。这个职位必备的能力是什么？这些是你对最低限度的能力的要求，还是你已经陷入期望员工拥有曲线顶端专业知识的窠臼？你在追求黄金标准吗？或者白银？铜？选择铜有令人信服的理由。

人即资源

通常，雇用新员工的条件是：我们人手不足，不堪重负。比如，一名骨干员工在公司内部进行调动，选择在其他地方重新开始或休假。也许随着新客户的签约或一份大合同的签订，业务突然变得忙碌起来。我们需要帮助，希望有人今天就可以进入角色，现在就能开始工作。我们需要有人来减轻我们的苦恼。

我们不顾一切地雇用了我们认为最适合填补空缺的那个人，而且在一段时间内，事实的确如此。俗话说："草率结婚，闲时悔悟。"因为我们雇用了处于曲线顶端的人，不到几个月他们就厌倦了，开始四处寻找新机会。很快我们就会回到起点：不堪重负，准备再次匆忙招聘。

这不是对资源的有效利用。有效利用资源首先要认识到资源的潜力，然后进入一段探索、发现和开发的时期。在这一阶段，我们知道什么可行，什么不可行，以及发现什么是可能的。当我们真正把人视为人力资源，而不是期望他们成为现成的产品时，我们采取的是类似的方法。雇用有潜力的人而不是技术熟练的人，是建立一支高成长型团队的基础。

我承认这种方法与某些人力资源管理的做法是背道而驰的。想想你上次发布的工作要求。你可能希望雇用一个处于学习曲线顶端的人，他知道如何完成工作要求的一切——无所不能。对忙碌的管理者来说，这样想是很正常的：我没有时间训练别人，我们需要一个第一天就能胜任工作的人。此外，管理者经常会有夸大招聘岗位工作描述的动机，在许多机构中，这样做会使其雇用新员工的申请更有可能获得批准（"看看这个新员工能做多少事！"），当它被批准后，还会带来更多可以支配的工资预算。

用这种方式招聘员工有其缺点。其一，按照"愿望清单"的方法列出岗位要求会让许多不符合清单上条目的员工望而却步。一些研究表明，女性尤其不太可能去申请那些她们不能完全胜任的工作，因为她们有一种错误的印象，那就是工作要求等于"必须具备的条件"。[1]

另一个缺点是，当我们的招聘启事写着最高的职位要求而非及格水准，并在大量申请者中雇用了最合格的候选人时，我们已经缩短了他们的职业保鲜期。因为新雇用的员工几乎没有上升的空间，他们很快就会感到厌倦。他们如果适应了新的企业文化，那么缺乏挑战这一问题可能不会立即显现，但可以预见的是，几个月后他们就会感到厌倦。

接下来，要么我们让他们担任一个新的角色，要么他们就会离开（在自愿离职的员工中，40%以上是在入职6个月内离职的，还有一半是在不到一年的时候离开的）。[2] 考虑到招聘和雇用的成本以及初期培训所需的投入，这实在是一种令人难以置信的资源浪费。

2005年，经济与政策研究中心的高级经济学家艾琳·阿佩尔鲍姆和她的同事、纽约城市大学的社会学教授露丝·米尔克曼对新泽西州的13家雇主进行了个案研究,分析了时薪制员工和工薪管理人员以及专业技术人员的离职成本。[3]他们仔细考察了那些常常被忽视的费用,如招聘人员的工资、两三名受薪经理用在面试上的每小时花费、培训新员工的时间成本、广告费、与招聘和面试有关的差旅费、筛选和背景调查花费的时间以及许多其他离职成本。

他们的研究促成了一种交互式员工离职计算器的发明,它可以帮助企业分析雇用新员工的成本。他们的发现令人大开眼界。[4]在美国,替换一名年收入在7.5万美元或以下的员工(占员工总数很高的比例)的成本约为该员工年薪的20%。若替换高薪的高级管理人员和拥有高度专业技能的员工,这些成本会大幅增加,往往会超过他们年薪的200%。[5]失去员工会让企业损失数千甚至数十万美元。招聘和雇用工作做得好,就能影响公司的最终效益。

《纽约时报》执行副总裁兼首席运营官梅雷迪思·科皮特·莱维恩说,《福布斯》杂志的首席执行官迈克·佩里斯是对她影响最大的高管。为什么?因为当他提拔梅雷迪思为《福布斯》杂志的首席收入官时,她还不是数字媒体领域的专家——她正处于这条曲线的底部。有很多反对者在想:她到底要如何做这份工作？她只不过是一个杂志出版商。但梅雷迪思形容佩里斯有"难以置信的耐心"以及对她的信任，这给了她极大的信心。"他给我空间来……搞定它。"她说。在梅雷迪思被《纽约时报》雇用之前，她在这个职位上工作了5年。这就是留住员工的例子。

当谷歌公司的前首席财务官帕特里克·皮切特被招聘进入谷歌公司时，他正处于曲线的顶端——但他的老板知道，即使是高管级别的员工也需要学习的激情。"这份工作根本不是我想要的。"皮切特说。他之前已经在两家公司担任过首席财务官了。然而，在与谷歌首席执行官埃里克·施密特的会面中，皮切特称施密特非常有头脑。他记得施密特说："好吧，皮切特，我们有一个真正的问题。18个月后，你会觉得非常厌倦，然后你会去做别的事情。我想告诉你的是，我会聘请你做首席财务官。我们开始就会毫无保留地为你提供一切，当你每次看起来要失去兴趣的时候，我将给你新任务。"[6]施密特兑现了他的承诺。"这就是我最终进入财务、组织、人力运营、房地产、全员服务、谷歌光纤和谷歌网站的原因。"皮切特说。他在谷歌工作了7年，然后休假去旅行，并从事环保和其他慈善事业。

采取S型曲线管理策略的动机是，你认识到时间加上能力等于厌倦。除非在等式中加入新的变量，否则厌倦很快就成为低投入和生产率下降的同义词。建立一支高效团队的关键是从一个精心策划的招聘过程开始的：招聘处于 S 型曲线底部的员工。

雇用能在工作中成长的员工

首先你要提醒自己，你的目标是把人力资源当成原材料而不是成品，你不能像处理其他资源一样。下面的清单体现了招聘的考察阶段：

1. 明确你希望新员工完成的任务。
2. 进行团队检查：考虑这个新角色对团队的影响。
3. 做一次理智的审查：确定你招聘新员工的动机。
4. 写一则招聘启事来吸引理想的人选。

确定你希望新员工完成的任务

首先确定你需要做什么。

花名册上的空白会给你的团队带来极大的压力，团队成员的痛苦很快就会变成你的痛苦。雇一个人来仅仅为了消除痛苦是一种强烈的冲动，但这是一个糟糕的主意。最佳招聘需要你花时间并思考如何规划和执行。

可以先从这个问题开始：我需要什么？通常我们并没有真正思考我们想要做什么，而是认为我们需要一个人来做前任员工的工作，特别是如果那个人表现出色。如果我们足够幸运，一位好的候选人会出现并告诉我们，我们真正需要的是什么。

5年前，米歇尔·麦肯纳·道尔（第二章提到过）正处在职业生涯的十字路口。她工作的那家公司正在进行合并，为了保住首席信息官的职位，她不得不搬家，而她不想这样做。麦肯纳·道尔是一个忠实的体育迷，当她在美国国家橄榄球联盟网站上为她的梦幻球队投票时，她碰巧注意到一个招聘链接，这让她找到了一个信息技术副总裁的职位空缺。由于麦肯纳·道尔不认识美国国家橄榄球联盟的人，她开始梳理自己的关系网，想找一个能热情介绍她的人。事实证明，这很容易做到。当我和她交谈时，她说："当我读到工作描述时，我想，他们需要一位首席信息官，而不是信息技术副总裁。他们需要升级这个职位——让它成为首席信息官，成为高级副总裁，给这个角色一席之地。"

美国国家橄榄球联盟委员罗杰·古德尔得知麦肯纳·道尔的想法：她将从技术和信息层面把美国国家橄榄球联盟的各个部门联系起来。她记得古德尔告诉她："你已经说服了我，我也说服了我们的首席财务官和人力资源部,现在你得说服其他人。这里没有人知道首席信息官是什么,我们以前从来没有招聘过你这样类型的人。"除了管理数据中心和维持电话正常运转,她花了一些时间说服美国国家橄榄球联盟升级她的角色。但是当麦肯纳·道尔在那里完成第一年的工作时,她已经实施了很多有价值的计划来证明什么是首席信息官这个角色,这对她团队的未来至关重要。

这是一个很棒的梦想成真的故事,它也说明了一个常见的招聘错误:美国国家橄榄球联盟发广告招聘的是信息技术副总裁,因为这是那位离职员工的工作头衔。

当你的团队中有一个职位空缺时,你不要习惯性地重复使用以前招聘中的工作描述来发布广告,而是应该评估一下现在你需要什么。不要认为它必须保持现状,你要真正了解你在找什么,然后努力去找到它。与其要求理想的候选人掌握工作所需的全部技能,不如雇用那些能力曲线在底部的人来担任多个角色,而不是雇用一流的、资历曲线达到顶端的人来担任一个角色。暂且不考虑能力上限,成功所需的能力下限是什么?想想铜,而不是黄金。

要记住软技能也很重要。哪些无形的品质能使团队受益?哪些品质能让一个人很好地适应你的公司文化?在目前的团队构成中，这些无形的能力是否明显缺失？你需要一位好的组织者吗？你需要一个文笔好的人，还是一个擅长与公众打交道的人？你需要一位协调者、挑战者，还是促进者？你需要一个有创造力和大量技术知识并且与人相处融洽的人吗？

大多数求职者都有一定的知识和技能，这些都会列在他们的简历上，并在求职信中加以强调。这些人也会有优势或"超能力"：他们本能地做的一些事情，可能在他们的求职申请中没有清晰地表达出来。通过寻找我们在招聘时看重的一些品质，我们可以更容易地从字里行间辨别"超能力"，并准备在面试过程中加以考察。这就是推荐信可以提供帮助的地方。让我们始终对"超能力"敞开大门，即使我们还不确定是否迫切地需要它们。"超能力"是一个人最大的潜力所在。

有很多非常重要的关于首席执行官继任和跨学科经验的文献。[7] 事实是，每位员工都很重要。你正试图让有前途的人才充实个人贡献者和领导者梯队。随着更好的原材料的发现，前期对人才考察的投资将会得到回报。对你的每一位员工你都要有策略。

考虑一个新角色对团队的影响

现在有多少团队成员处于 S 型曲线的底部？你有 15% 的

员工在底部，70%在中间，15%在顶端吗？虽然我通常主张招聘处于学习曲线底部的人，因为他们有上升的空间，但是如果你管理的是一支新手团队，那么雇用一个经验更丰富的人可能是明智的。

现在回顾一下你为这个新职位列出的技能和资历清单。是否有团队其他成员可以承担的任务，甚至成为他们的发展机会？当我们每天在工作中看到的是同样的人时，他们就会变得像墙纸一样缺乏存在感：我们不再像我们应该做的那样关注他们的具体工作。稍微努力一下，我们可能会发现，有一名员工已经接近或处于当前学习曲线的顶端，他完全可以来到我们正在考虑招聘职位的S型曲线的底部。内部招聘经常意味着我们已经为至少两名员工创造了成长的可能：一位是已经获得提升的，另一位是我们正在招聘的。

你还要了解你的员工是如何合作的。一名新员工是如何提高你的团队已经拥有的能力的？你缺女高音还是男高音？缺伴奏吗？合唱团里有独唱者吗？他们的贡献和谐吗？还是尽管他们的音质很好，却很刺耳？他们在良好的团队协调和兼容方面存在哪些差距？

当霍根测评公司的创新副总裁戴夫·温斯伯勒只有12岁时，有几个同学打了他一顿，因为他总是知道答案，并且表现得比学校的同龄人要好很多。[8]他认为这次经历激发了他对团队动力学的终身热爱。温斯伯勒与霍根测评公司的首席执行官托马斯·卡莫洛·普雷姆兹克合作，总结了关于团队的各种研究成果。他们宣称：

> 思考团队的一个有用的办法……是考虑每个人在工作组中扮演的两个角色：一个是基于正式职位和技术技能的职能角色，另一个是基于他们是什么样的人的心理角色。一些员工对自己的工作有一种近乎狂热的使命感，其他员工则不同程度地认为工作有一定价值，但缺少个人使命感。这些情感差异可能是人们争论的焦点。很多时候，组织只关注职能角色，并希望随之而来的是团队的良好表现。[9]

为了进一步探究心理方面的问题，你可能需要使用颠覆性优势指示器。这个工具（可以在 whitneyjohnson.com/diagnostic 网站上找到）考察了在促进学习和成长的7大因素（第二章概括的）中，人们依赖哪个因素来应对变革。他们是特别擅长发挥自己的优势，接受约束，还是从失败中恢复过来？你可以为个人完成这项评估，然后对团队进行同样的评估。

团队运转不佳就像家庭关系失调：它会破坏个人发展，对整体目标产生反作用。把员工的角色想象成蜿蜒的S型曲线交织在一起，形成一整块结实的布。过度摩擦是前进的障碍，它会阻碍人们，甚至会把他们推下曲线。如果你把员工视为互不相干的一堆散线，几乎没有协同互动，那么你的团队会不断磨损，不能成为一块精美的布料。处理好这些关系，你的团队力量总和将大于它的任何部分。

确定你的招聘动机

对消费者行为的研究表明，我们总是一次又一次购买同样的东西，几乎不假思索。曾两次担任宝洁公司首席执行官的A.G.雷富礼和罗杰·L.马丁在研究这些结果的同时，还调查了频繁的品牌重塑——追求"新面貌"——不一定会转化为竞争优势的原因。他们发现，事实上，顾客对久经考验的产品有一种本能的偏好，因此，随着时间的推移，熟悉的品牌会获得一种复合竞争优势。他们总结说："对人脑工作机制的研究表明，大脑对自动性的热爱超过对其他任何事物的热爱——当然也超过有意识的思考。如果可以选择，它愿意一遍又一遍做同样的事情。"[10]

作为一名负责招聘的经理，你是人才的消费者，很容易不断轻率地重复你的消费习惯。这在选择洗衣粉时可能无关紧要，但是在招聘时可能带来可怕的后果。环境发生了变化，需求也可能随着时间的推移而变化，或者之前反复发布的工作描述可能考虑不周。先前的团队成员可能很有能力，但是他们不一定总能带给我们想要的东西，或者他们不能像我们希望的那样与团队合作，等等。招聘是解决这些问题的最佳时机。

在我们有意识地探索和评估的基础上，我们每个人都有一种潜意识在发挥作用，它可能会影响我们的决策——并不总是好作用。在你最终决定是否雇用以及如何雇用员工之前，先做一次"理智的审查"，把你的潜意识和情感动机都摆到桌面上接受审查。从本质上说，我们想要确定，我们到底多希望能有个新员工让我们"感觉好些"。我们希望消除哪些痛点？确定这些以后，我们可能需要调整我们的预期。如果我们雇用了一个能胜任职能但不能胜任情感工作的人，那么，不管他做什么，我们都不会满意。[11] 仓促的招聘也可能会让我们的职能需求得不到满足。

以下是一些我们很少正面探讨但最好考虑一下的潜意识里的情感动机。

1. 要是我能克隆自己就好了。西北大学凯洛格商学院的管理与组织及社会学副教授劳伦·里韦拉表示："大多数人寻找的都是'我'。"她的研究表明，如果面试官对公司寻找的人缺乏系统的衡量标准，他们往往会转而依靠自己，并用"他们自己的形象"来定义优点。这就意味着，最合格的面试者是那些最像面试官的人。[12]里韦拉在观察了顶尖的专业服务公司的招聘工作以后，对研究招聘实践产生了兴趣。这一兴趣最初产生于她从耶鲁大学本科毕业后的求职，以及后来她为一家招聘公司工作。"我一直对社会地位和人们如何判断优点很感兴趣，"她说，"招聘是人们经历的最重要的类型化场景之一，我想了解更多关于雇主是如何评价和选择新员工的。这些（专业服务）公司的招聘不仅关系到个人薪水或职业生涯，而且关系到更广泛的美国经济精英的构成。"[13]

人们很容易就想雇用这种人：你自己的复制品，一个和你想法一样并愿意接受你想法的人。但这些雇员很快就会感到厌倦和沮丧，因为他们没有任何上升的空间。团队中已经有你了。你可能还会感到来自这位比你更优秀的员工的威胁。有人把你从S型曲线上挤出来是很难受的。

如果你想雇用一个自己的克隆人，你就不会想到S型曲线，也不会为这个新员工确定一个独立的角色。相反，你应该把招聘的压力看成一个机会，去做一些与以往不同的事情，去创新。也许你可以把更多工作委派给团队成员，给他们提供新的挑战。也许你能更好地利用技术。一旦开始考虑选项，你就会意识到原来有那么多好的选项在等着你。

2. 要是我能找到一个人来做所有我不想做的、烦人的事就好了。这种心态来自一种愿望，那就是避开工作中所有不愉快的部分，或者找到一只替罪羊，让所有人都恨他，这样大家就都爱你了。几年前，我应邀参加了一家快速发展的科技公司的首席财务官的面试。首席财务官可以扮演很多角色，但是当首席运营官对我说"我想找个人告诉大家，他们不能花多少钱"时，我的感觉是，他想把财务部门那些亲信干的工作外包出去。如果你想把你讨厌的所有事情都丢给新员工，他们很可能会成为你的情绪垃圾场。你不会喜欢他们（他们对你也会有这种情绪），你也不会有在他们身上投资的动力。当这个人到达S型曲线的顶端时——如果他能待那么久，你对他也不会有足够的关心去帮助他开启一条新的曲线。

如果你在招聘时这么想，你就会遇到员工留用的问题。就像找一个克隆人可能意味着你需要给他更多权利，你想找一个替你"得罪人的人"可能意味着你需要承担更多繁重的工作。至少你要学会区分，你是在分配任务优化你的团队，还是推卸自己的责任。

3. 要是我知道怎么做就好了。可能有些任务需要你的关注，而你个人却不具备完成这些任务的专业知识。这就是你需要雇人的原因。但是有时候你会暗自妒忌，会有一种秘密的渴望：如果我知道怎么做他们擅长的事情，我就会更成功。你可能寄希望于一个有能力的人，享受他们的能力优势带来的进步，或者你会感受到一种威胁，因为他们正好有你缺乏的才能。不管怎样，你都有可能在经济和情感上付出过高的代价。

与其采用这种方法，不如这样表达你的情感：要是我知道所有我不知道的事就好了。不要只是说说，要学会认真对待。理由很简单，我们要接受自身有局限性的事实，并承认它们是什么——如果我们一直回避它们存在的事实，我们甚至还需要把它们找出来。如果你真想推动你的组织向前发展，你就雇用那些拥有不同技能的人和寻求不同 S 型曲线的人。找那些与你意见不同的人，让你的团队敞开大门，接受那些和你不一样、挑战你想法的人和那些指出你不知道的事情的人。

如果你在一定程度上缺乏对自己所管理的领域的掌握，那么你的 S 型曲线的一部分就是学习。伦敦卡斯商学院的高级讲师阿曼达·古道尔在她的职业生涯中一直在探索领导领域的专业知识与员工敬业度和长期供职之间的关系。她断言："拥有一位非常称职的老板的好处是，他很容易对一名普通工人的工作满意度产生最大的积极影响……就美国工人的工作满意度而言，拥有一位技术上称职的老板比他们的薪水更重要（即使他们的工资真的很高）。"[14] 值得注意的是，古道尔在各个行业多次重复她的研究，都得到了相同的结果：当医院管理者同时是医生时，医生会更快乐；当教练和经理都是前运动员时，职业运动员会更满意；学者更愿意同样是学者的人担任大学的管理者；等等。你要记住，你的员工并不希望你替他们干活，即使你可以这样做。但是，如果他们知道你了解他们的工作，他们的确会做得更好。

放下你对专业知识的嫉妒，雇用那些比你知道得多的人。但是你要足够了解你让他们应对的挑战，这样有助于重视他们的良好表现，帮助他们走上能最大限度发挥其才能的职业曲线。

写招聘启事来吸引理想的候选人

写招聘启事更像一种艺术形式，这一点是我们大多数人意识不到的。我的一位朋友觉得她的工作有点儿停滞不前：她在一家公司工作了10年，过去3年里，她一直在做同一份工作。她很热爱自己的公司，但是她已经准备好迎接新的学习曲线，所以打算浏览行业内的招聘启事，想看看还有什么其他的选择。她看了一个又一个单调乏味、毫无创意的工作描述，感到非常沮丧，突然，她发现自己的公司有一个职位空缺。她认识担任过那个职位的女员工。那是一份非常棒的工作，但它的工作描述同样糟糕。突然，她感到充满了希望。如果她自己的公司（在过去10年里她一直喜欢工作的地方）能为如此出色的一个职位发布如此令人厌恶的工作描述，那么其他招聘启事中的工作可能也没那么糟糕。想想看，在这样的背景下，一份出色的职位描述会多么引人注目。

招聘启事的目标应该是吸引那些有才能的人，他们有能力在工作的学习曲线底部进入公司。他们不会成为专家，但是他们拥有学习和扩大目前职位职能以及其他角色所需的能力。要吸引这些求职者的眼球，就需要改变工作要求描述的一贯表达方式。国际人才管理战略家多萝西·道尔顿赞成如下观点：

对招聘经理来说，团队的资历和水平可以成为一种内部地位的象征。有些时候，对某些职位的学术要求通常高到足以分裂原子或找到癌症的治疗方法。工商管理硕士并不是所有职位的必备条件。说实话，很多工作甚至不需要学位，更不用说研究生文凭了。只要你具备读写能力、计算能力和社交技巧以及一点儿相关专业经验，书本以外的生活常识就足够应对工作了……至于所需的工作年限和工作经验类型也是如此。[15]

如果我们夸大了必备的录用条件，只关注曲线高点上的能力，然后雇用最接近这些标准的申请人，我们就创造了不适合的就业条件。相反，我们需要调整自己过度膨胀的野心，寻找高质量、高潜力而且不会在刚就业的前几个月就对工作产生厌倦的候选人。写招聘启事是为了鼓励而不是阻止这样的求职者。

有相当多的文献可以帮助我们在招聘启事中使用正确的语气。例如，语言中的性别中立就很关键。[16]在大多数情况下，为了鼓励女性申请，这样做是必要的，但情况并非总是如此。例如，在许多传统上由女性从事的医疗行业中，有研究表明，由于招聘启事的语言被认为太女性化，因此男性不愿意申请。[17]鼓励申请人群体的多元化是促进工作场所多元化的必要步骤。美国第一资本金融公司的技术战略负责人帕梅拉·赖斯在雇用不同类型的候选人方面拥有良好的记录。"当组织对多元化投入时，连锁反应就会产生。"她解释说，"他们会自然而然地看到更多被推荐的多元化的候选人，而这些多元化的候选人会涌向那些认可和欣赏其影响力的公司。来自这些多元化团队的创新和产品对碰巧也是多元化的用户更具吸引力,这就不足为奇了。"

招聘启事要说清楚这个职位真的很重要的原因。例如,一项由 Net Impact(一个非营利性会员组织)和罗格斯大学进行的全美调查显示:那些说自己能对工作产生影响的员工比那些不能产生影响的员工对工作的满意度高一倍。这一数据得到了2/3 大学毕业生的支持。他们认为,通过下一份工作改变现状是当务之急,45% 的学生表示他们甚至愿意为此削减薪水。[18] 事实上,58% 的所有年龄段的受访人都声称,如果能为一家与自己的价值观一致的公司工作,他们愿意接受将基本工资减少15% 的条件。尽管有报道称这一点存在性别差异,以价值观为导向的工作对女性比对男性更重要,而且几代人之间也略有差异,但数据显示,绝大多数人都渴望完成重要的任务。

我们想要做出贡献,对自己所做的事情感到精力充沛,甚至充满激情。我们希望从那些能解决问题的想法中得到启发。对大多数人而言,工作的意义在广义上并非总是很重要。我们无须改变世界,也无须解决宇宙级别的重大问题,但我们渴望信任,我们正在以一种微不足道却极其重要的方式让世界的某个角落变得更快乐。你要说明你正在招聘的职位非常重要,然后通过工作描述来传达这种重要性。

在招聘时另辟蹊径

当招聘经理说他们找不到某个职位的合适人选时,我总是怀疑他们是否考虑过公司内部的候选人、重返工作岗位的全职主妇或退伍军人。真的没有人能填补你的职位空缺吗?

回头看看第二章描述的市场风险和竞争风险的概念。当然,雇用一个非传统型候选人有一定的风险——但这是市场风险,因为你是在一个几乎没有竞争对手的新领域里。雇用一个常春藤联盟学校毕业的工商管理硕士,他在过去3年中从事的正是你需要他做的工作,这可能让你感到安全,但事实上,这是一种竞争风险,你将和其他十几家公司争夺这个候选人。

面试中要关注什么

以下是在筛选简历和面试过程中你想了解的关于潜在候选人的一些总结。

- 从职能上讲,这个人在预想的S型曲线上处于什么位置?软技能和专业知识同样重要。

- 这位候选人对个人颠覆、玩桌游游戏滑梯和梯子是否感觉舒适？在促进个人颠覆的 7 大因素中，他们依靠哪个因素来应对变化？颠覆性优势指示器的诊断可以帮助人们进行这个评估。
- 他们如何合作？他们的性格符合你的要求吗？招聘前进行一次诊断测试可能会有用。
- 他们的远期目标和梦想是什么？如何让他们关心的事情与你的团队或业务目标一致？
- 邀请候选人提问。从候选人对这个机会的研究和探索中可以搜集很多信息。他们认真调查过这个机构吗？对于自己可能要担任的这个角色，他们是否会提出一些经过深思熟虑的问题？在他们的心目中，这就是需要完成的工作吗？他们的兴趣是否只限于与收入和休假时间有关的信息——他们是否对工作价值或成长学习机会的质量表现出了热情？在面试过程中，注意这些细微差别将会得到回报。

在招聘时另辟蹊径，首先要从内部招聘开始：提拔或调动那些想尝试新事物的员工。他们经常处于一条S型曲线的顶端，接下来的打算可能会被认为是在头衔甚至薪水方面的倒退。归根结底，头衔和薪水都是主观的称谓。人们可以调整它们来反映员工的机会和贡献，而不是仅仅将其与过时的等级模式联系在一起。那些跳槽从事不同工作的有经验的员工，尽管有缺点，但他们仍然是一种被严重忽视的资源。

你还要考虑非传统的招聘安排。虽然不同调查之间的数据差异很大，但是有报道称，2016年，有30%或更多的员工是合同工或从事着自由职业者那样的工作。[19]他们中的一些人想永久性地参与零工经济，但不是所有人都这样想。公司有时候会以合同工或自由职业者的方式雇用员工，看看是否有合适的人选。许多公司都有让实习生、自由职业者和合同工成为全职员工的途径。

这样的途径一旦被建立，就可以用于招聘非传统型员工。"比如重返职场的人（那些在全职职业道路上休息了一段时间，但现在准备重返职场的人）、没有学位的工人、退役军人和退休人员。"iRelaunch公司的联合创始人卡罗尔·菲什曼·科恩说。作为非传统型劳动力资源价值的倡导者，她为雇主如何实施在职实习计划和利用"重返工作"人才库提供指导。她还有一些令人信服的数据，例如，美国大都会人寿保险公司在大约3个月实习期后雇用了12名实习生中的11名（占92%）。[20]

需要特别注意的非传统型员工是那些从家庭重返职场的人，她们中的很多人都是为了照顾孩子而中断了职业生涯的女性。工作生活政策中心发现，69%的高素质女性——那些拥有大学高等学位或至少拥有名校本科学位的人表示，如果雇主能为她们安排一个更灵活的工作环境，她们本可以一直留在工作岗位上，而这些女性中的89%通常在几年内就想重返工作岗位。[21]

不仅是女性，男性也会因为各种各样的原因选择离职：照顾孩子，照顾老人，一段时间的健康状况欠佳，接受继续教育，等等。我丈夫在家做了10年的全职爸爸以后，准备回去工作了。[22]他是一名癌症研究人员，拥有哥伦比亚大学博士学位，曾是马萨诸塞大学医学院的助理教授。当他开始努力重返工作岗位时，尽管他有资历，却没有人对他感兴趣。最后，一位同行为他担保进入了南弗吉尼亚大学，这是一所位于弗吉尼亚州中部的小型文科学院。现在他又回到了终身教职的轨道上，当一个人离开学术界以后，这种情况很少会发生。他完全专注于教学，并且有一种创业精神，这一点与这所雄心勃勃、不断扩张的学校的目标非常吻合。这是一次双赢：这个职位对他来说是一条新的曲线，而大学得到了一名高度敬业的员工——这一切都是因为当别人不愿意雇用他时，这所学校愿意雇用他。

重返职场的人特别有吸引力，因为他们常常拥有工作场所需要的技能。想想照顾家庭所需要的能力，无论是照顾父母还是孩子，这些技能通常需求量很大，而且供不应求。Strada Education Network（一家非营利组织）的人力战略高级副总裁兼首席创新官米歇尔·R.韦斯总结了由 Burning Glass 技术公司进行的研究，他发现，几乎所有的雇主，不分行业和专业，都希望员工具备一些资质：展示和说服能力，客户服务能力，注重细节和时间管理能力，积极的性格，项目管理、研究和策划能力以及监督能力。这些都是成为高效的父母和照顾老人训练出来的能力。[23]

Degreed 学习平台（一家美国教育技术公司）的创始人大卫·布莱克说得更简洁："学位糟透了！"他的公司提倡这样一种理念，即学位只代表一个人实际接受教育的一小部分。因此，布莱克正在创造一些方法，为潜在的雇主验证个人所描述的教育和技能的全貌，而不考虑它们是如何获得的。[24]

在位于西弗吉尼亚州的 IBM 公司火箭中心，这里的重点是云计算、网络安全、应用程序开发和帮助台，在过去两年里，近 1/3 的新员工没有四年制大学学位。肖恩·布里奇斯就是这些非传统型员工之一。他来 IBM 公司时没有工作经历，但是他有一些明确可被证明的技能。他曾在一所社区大学学习信息技术，制造并销售过一些简装的个人电脑。布里奇斯现在是 IBM 公司的计算机安全分析师，他代表了劳动力市场上的一个新类别——"新领"或中等技能的工作，在这些工作中，技能（例如编程）比出身（大学学位和工作经历）更重要。[25] 在美国，2/3 的成年人没有四年制大学学位，寻找填补某些角色的候选人可能需要冒险尝试一下非传统招聘方式。[26] 传统的资格证书既不是唯一，也不是最好的体现潜力的方式。

还有那些"回头客"员工，即过去曾在这个组织工作的人。曾经，反对重新雇用前员工的政策很常见，但幸运的是，越来越多的公司正在废除这样的规定。在不同地方获得的技能可以让一名前员工变得更有价值。《职场回头客原则：激发员工的终身忠诚度》(The Boomerang Principle: Inspire Lifetime Loyalty from Your Employees)的作者李·卡拉赫说："不要再把跳槽的人当作流失的员工。善待他人，帮助他们实现自己的目标，不管这会把他们带到哪里。你觉得过早离开的那个人可能会马上回到你的身边，第二次进入公司的他会变得更有价值。"

卡拉赫的 Double Forte 公司实践了她的理论。这家以公共关系、内容营销和社交媒体为业务的公司已经有 10 多名回头客员工，其中一些人还回来了两次。当珍娜·加洛韦·法勒去一家由风险投资公司支持的快餐休闲食品初创公司寻求理想的职位时，她已经在 Double Forte 公司担任了两年高级客户经理。法勒离开时，Double Forte 公司向她保证，她如果想回来，公司的大门就会向她敞开。一年以后，她真的回来了。随着公关管理技能的提高，她与 Double Forte 公司的传统客户产生了更强烈的共鸣，正如她所说，"对这个行业和我们公司的文化有了新的认识，这使我成了一名非常热情的员工和经理"。

我们可能倾向于忽略那些非传统型候选人，因为我们认为他们在某些方面存在缺陷。我们还可能害怕犯错误，规避风险的意识在我们做决定时占了上风。但市场风险存在的地方正是等待大好机遇的地方。科斯·马特以前是一名毒贩，在进监狱之前他经营着一桩非常赚钱的生意。现在，他是一位受法律认可和保护的首席执行官，在曼哈顿经营一家名叫 ConBody 的健身俱乐部。俱乐部雇用了一些进过监狱的人做健身指导和私人教练。这是一个非常极端的招聘案例，其他人不会这么做——事实证明，这是一个成功的案例。

非传统型员工可能是教育、技能和经验的宝库，你可以让他们发挥这些优势。他们也有 S 型曲线，而其他雇主对此视而不见，你正好可以从中获益。一旦你在招聘中另辟蹊径，你选中的人就不会被别人挑走。他们也不会过高定价，这些候选人往往渴望证明一些东西。

和蒙大拿州比尤特的铜一样，人们在意想不到的地方发现了价值不菲的原材料，却常常忽视它们。今天，智能手机的原材料包含了 17 种稀土金属中的 16 种，而这些资源在先进的电子产品出现之前一直躺在采矿企业的废石堆里。[27] 这些元素之所以被称为"稀有"元素，并不是因为它们稀少（虽然有几种是稀有的），而是因为它们分散在地壳各处，没有集中在任何一个地方。它们可能就在我们的脚下，但是需要非常规的方法才能得以开采。宝贵的人力资源就是这样，如果我们愿意在招聘和雇用方面打破常规，我们就能发现并发展他们。寻找被忽视的那些人和事，是创新的基石。

小 结

- 为一个 S 型曲线战略去招聘和雇用员工，需要彻底改变传统的做法。有意识地评估做事能力和所需的软技能是非常重要的，同时也要评估一下你对新员工的情感期望。

- 雇用那些愿意尝试新事物、不怕从 S 型曲线底部开始的人，引进那些能发现人才的管理者，他们能帮助员工沿着曲线向上发展到熟练掌握阶段，并愿意赞助和促进员工开启新曲线。

- 寻找有发展潜力而不是技术熟练的人。当我们雇用"最合格"的候选人时，我们也选择缩短了他们的高敬业度时间。你应该计划在 S 型曲线的底部招聘新员工或重新分配员工，并将他们的个人发展作为一种可投资的资源。

- 在招聘和雇用前，除了对每个职位进行评估，在引进新成员之前，你还要评估团队的运作情况。

- 从非传统的人才库中招聘以及为一个 S 型曲线战略专门招聘员工，意味着要接受市场风险：在其他雇主不愿涉足的领域大显身手，在其中找到取得巨大成就的绝好机会。

- 注重长期资源的开发。评估员工参与个人颠覆的能力和意愿，精心制作招聘启事以鼓励更多的人来应聘。

4
管理渴望成功
的新员工

谁要是敢提着猫尾巴，
他肯定能得到别处没有的教训。
　　　　——马克·吐温

　　约翰·古奇已经做好了改变的准备。在50多岁的时候，在经营自己的土木工程和土壤测试公司15年以后，他和他的合伙人决定出售这笔资产，然后，古奇去了一家非营利组织工作。当他发现这份新工作不太适合他时，他向他的老朋友唐·坎托雷提起了这件事。坎托雷是Fielder's Choice公司的首席执行官，该公司专门从事大型基础设施项目的挖掘工作。坎托雷不知道有什么空缺职位，但经过一夜的思考之后，他决定雇用古奇，给了他一份初级估价师的工作。坎托雷付不起古奇与他以前相当的工资，但可以给他体面的薪水，并让他在一两年内接受培训。

对古奇来说，这将是一次大倒退，无论是在经济上还是在专业知识上，尤其是在他职业生涯的后期。作为一名工程师，古奇拥有可以转移的技能，但他没有做过太多的估价工作，也没有建造桥梁等大型基础设施的经验。这条学习曲线很陡峭，在最初的8到10个月，他失眠了。现在有了3年的经验，他不再是初学者，而是一名合格的估价师。他说还有很多东西需要学习，这家公司已经很好了，一群"真正优秀的人"使他成功地完成了这次职业转型。[1]

S型曲线的底部通常是刚入职的新员工或是拥有深厚的专业知识且正在拓展新领域的有才华的专业人士。你要用处于底部的15%的人优化你的团队。这一章节将讲述如何成功地招募这些新员工，概述你的组织和团队这么做的原因，了解新员工的目标，并且清晰地表达你对他们在这个职位上所能取得的成就的愿景。我们将讨论如何利用快速反馈的制度来管理新员工入职的前6个月，我们还会在讨论处于S型曲线底部的雄心勃勃的员工带来独特品质和薪酬优势的同时，帮助你接受短期的生产力损失。最后，我们将提供一份检查表，以确定工作进展缓慢是因为你的新员工处在错误的曲线上，还是因为他们仅仅是处在曲线的底部。

让你的新员工顺利适应工作

当你开始管理最近招聘的员工时，有几件事情你需要考虑。第一，如何表达你的愿景——或组织这么做的"原因"。第二，你要了解员工这么做的"原因"（例如，他们为什么来为你工作）。第三，你必须对你的新员工有愿景——你希望他们如何发展，以及如何衡量他们在新职位上的成功。

表达你的愿景——组织和你的团队这么做的"原因"

当我儿子上高中的时候，他每周至少会说一次："上学有什么意义？我将来也用不到计算机编程语言。"我反驳他的理由是："你不一定都用到，但是好成绩能让你进入大学。知道如何工作，能让你过上幸福的生活。"当我感到绝望或愤怒的时候，我就会生气地说："既然我说了，就这么做吧。"我经常对我的丈夫哀叹："为什么儿子对自己的未来没有一个愿景？"心理学家蒂莫西·皮切尔在试图了解青少年为什么总是拖延时发现："在我们对自己想成为什么样的人有愿景之前，我们做不了多少事情。"我们一旦有了愿景，就能完成任务。

新员工需要一个愿景。当他们为获得能力而奋斗的成本似乎很高的时候，理解他们工作的必要性和重要性将会使他们度过那些困难的日子。在刚开始工作的3到6个月里，他们可能会感到沮丧。他们可能会考验你的耐心，甚至使你怀疑为什么雇用他们。也许这是一次糟糕的招聘，但现在下结论还为时过早。你可以从一开始就设定一个愿景，提高他们沿着学习曲线前进的概率。

从你的组织和团队这么做的原因着手，尽管你可能不愿意这样做，有太多的事情需要你关注。你需要你的新员工马上开始工作。（内部招聘的一个好处是，新员工对公司已经有了一定的了解。）

也许你觉得自己不能提供一个清晰的愿景。毕竟"愿景"这个词不就意味着能看清前方的道路，并据此规划你的路线吗？作为一个发现—驱动型颠覆者，你可能看不清你的方向，但即使不知道未来会发生什么，你也有可能知道为什么要朝那个方向前进。驱动你做这件事情的目标是根本，它值得你花时间去观察、理解并与你的团队分享。

有一家公司从一开始就清晰地表达了自己的愿景，它就是位于马萨诸塞州剑桥市的全球化合作伙伴公司。2017年，该公司在 *Inc.* 杂志著名的"5 000强企业"（美国发展最快的私营公司年度榜单）中排名第33位。[2] 每位新员工在工作的第一周都要去上公司自办的大学。第一天，他们会见到首席执行官妮可·沙欣，她表达了自己对公司的愿景："风险投资、私募基金和上市公司都只考虑其股东，因此它们以客户和员工的福祉为代价来实现季度利润的最大化。"沙欣将成功定义为"三重底线"，即快乐的员工、快乐的客户、快乐的股东。接着，员工会听取公司每位主管的发言。这为跨部门合作和互相尊重创造了条件，并从一开始就消除了权力壁垒，难怪人们喜欢在那里工作。CultureIQ（一家提供企业文化服务的企业）进行的一项调查显示，全球化合作伙伴公司的员工口碑得分为92分（满分100分），这是衡量员工忠诚度的可靠指标。负责搜集员工评价的职位搜索公司Glassdoor表示，大多数现员工和前员工都对全球化合作伙伴公司给出了可靠的评价。

世上有无数的方法和战术，但是"原因"却很少。当我们有了一个愿景并相信它时，我们看到的就不是苦差事，而是一片新大陆。处于个人成长曲线底部的我们不是漫无目的地游荡，而是看到自己正走在一条通向成熟的既定道路上。一旦找到原因，我们就找到了方法。

了解新员工的愿景——他们这么做的"原因"

正如你的新员工需要了解公司的愿景一样，你也需要了解他们的愿景。了解他们个人想要完成什么任务，这个新角色如何与他们的目标相匹配，以及他们期望从你这里得到什么，从而获得成功。最理想的情况是，在入职的第一周，你和你的员工开一次重要的会，就像你和一个客户开会一样。事实上，一名新员工就是一位客户：一位非常重要的长期客户。

新员工：第一周

工作的第一周对你们双方来说都很困难。在他们任职的初期，共同的规划和良好的沟通经常会决定是否有可能成功地修建一座通往你的目的地的桥梁，或者在你还没有放好第一根横梁的情况下就烧掉建这座桥所需的原材料。以下是我的建议：

- 为组织和你的团队解释你的愿景或者这么做的原因。
- 问一下新员工：你在这个职位上想实现什么目标？我做什么能帮助你成功？
- 说出你的期望、原则和对他们贡献的期待。

问这些问题既有风险也有责任。了解可以带来力量，当有人与你分享他们的希望和梦想时，他们会给你很多力量。纽约市股票经济发展公司的前执行副总裁凯瑟琳·华纳分享说："以我在美国公司工作的经验来看，个人的情况并没有得到重视，而是被人们当作一把大锤或其他具有破坏性的工具来使用。"[3]

我相信，如果你正在读这本书，你一定不想成为那种老板。你如何行使权力将被员工铭记：有史以来最好的老板，或最差的老板，或介于两者之间。如果你不尊重为你工作的人，那就有问题了，也许这条管理曲线对你来说是错误的。

你对新员工的愿景是什么？

一些管理者似乎相信，一名新员工或被重新分配工作的员工不需要他们做任何事情：这名新人可以直接加入竞争，并有可能神秘地获得成功。这些管理者的期望是不切实际的，决策是反复无常的，衡量标准也是随心所欲的。Payor Contracting公司的高级医学部副总裁迈克尔·霍恩讲述了他职业生涯中的一段经历：

一开始，我很自信……我知道自己拥有成功的技能，尽管我知道在一家新公司建立一个新部门，同时实施新的制度和流程将会是一项挑战。最困难的是，我只有一个月的过渡期。我要向两位分管不同工作的副总裁汇报工作：一位是财务副总裁（严格来说是我的老板），另一位是供应链和物流副总裁。每位老板对工作重点和时间安排都有不同的期望，他们把协调关系的问题默默地推给了我，这就造成了令人意想不到的紧张局势。对供应链副总裁来说，工作进展得还是不够快。他暗暗对我的进度感到不安，然后突如其来地决定让我在60天内改善局面，否则就解雇我（这是我在公司工作6个月之后的事）。我从未做错任何事，从未！为了不被解雇，我和财务副总裁（他希望我成功）讨论了一个能够扭转局面的计划。我加班加点地工作，情况开始有所改观。与此同时，供应链副总裁开始在一定程度上掌控我们将要做的事情，包括时间安排和资源计划。几年后我才知道，我与这位供应链副总裁打交道的经历并不是独一无二的：因为他的管理风格，很多人被解雇或沮丧地离开了公司。

假设我们所有人的行为都不是出于恶意，那么，也许供应链副总裁不知道他想让迈克尔做什么。这种情况经常发生。也许我们对员工的职能工作很清楚，但是没有考虑到精神层面发挥的作用。或者我们相信，员工会在没有被告知我们想要什么的情况下，以某种方式领悟到我们想让他们做什么。当我们这样假设的时候，我们很可能就错了。

我们总是自以为理解和了解别人。哥伦比亚商学院和神经领导力研究院的海蒂·格兰特在她的《给人好印象的秘诀》一书中帮助我们理解了这一现象。格兰特对这个话题产生了浓厚的兴趣，因为她当时的丈夫也是一位成功的高管，他回到家后经常感到很困惑：为什么他的雇员、同事和其他人总是误解他的意图？答案很简单，我们都认为自己的意图很明确，哪怕事实并非如此。格兰特强调的一个例子是加拿大曼尼托巴大学的杰奎·沃劳尔和斯特凡妮-丹妮尔·克劳德的研究。研究人员对谈判者察觉对方目标和意图的快慢程度做了调查。参与研究的人判断自己在60%的时间里沟通得足够好，能够被理解，而他们的同伴则说，只有26%的时间能够理解他们。[4]

每次和你的新员工谈话时，你都要假设你的意思不容易被理解，你也不一定理解他们和你交流的内容。有些时候，不确定性是可以接受的，但这种情况是例外。你应该清楚地表达你的期望。请回答这些问题：你希望他们在这个角色中完成什么任务？随着时间的推移，你如何看待他们对团队和公司的最终利润所做的贡献？他们需要为下一个角色做哪些准备？你现在需要他们做什么？

你还需要回答这个人们经常想知道却很少被问到的问题：我该如何向上管理？我承认，当我听到"向上管理"时，我吓坏了。我不禁想起了音乐剧《一步登天》中那个看似没有骨气的 J. 皮尔庞特·芬奇，他从一名擦窗工一跃成为 Worldwide Wicket 公司的总裁。他通过撒谎来做到这一点：他告诉人力资源主管，首席执行官已经给了他一份工作，但事实上并没有。他通过阴谋诡计做到这一点：芬奇支持一个竞争对手升职——不是出于无私，而是因为这是一份没有前途的工作。他通过操纵人心来做到这一点：当他因为混乱的局面即将被解雇时，他把所有同事都称为家人，从而救了自己一命。一些人把向上管理等同于鬼鬼祟祟或彻头彻尾搞阴谋——为了事业的发展不惜一切代价，他们可能并不擅长向上管理。

向上管理意味着，你即使不是管理者，也要像管理者那样思考。它是通过持续、熟练的工作来证明你可以管理自己，因此有能力承担更多责任。

当你的员工与你分享他们的目标时，你要阐明对他们的期望，让他们学会解决问题，就像他们渴望担任的角色那样。我之前提到的那位初级员工迈克·科佩尔曼就是这样做的，他现在是HBO鼎级剧场（总部位于美国的有线电视网络媒体公司）的高级财务副总裁。"我一直采取的策略是，我的主要工作就是让我的老板成功，"他说，"我并非没有抱负。而是因为我相信，如果我做好了工作，老板会关照我的。当然，如果你有一位关心你职业生涯的老板，这样做会更有效。"有些人进入职场后，凭直觉就能明白这一点，其他人则不会——这不是他们在学校里能学到的东西。

对于所有在学校里没有学会向上管理的初级员工，你要明确地告诉他们：我是来帮你们完成我的工作的。事情就是这样。然后我会奖励你的贡献。这就是我要做的。

作为你团队中的国际象棋大师，你是否会把你的新员工视为可以牺牲的棋子，以换取短期收益？或者是一枚能成为王后的棋子？当你将新成员招入团队时，你希望他们在整个团队中得到怎样的发展？你可能不知道如何帮助他们发展，因为你关注的是发现他们的潜力，但是，你可以有一个实质性的愿景。如果你能清楚地传达这一点，你的新员工就能做好准备，在S型曲线上有一个势头强劲的开始。

新员工：前 6 个月

在新员工入职后的几个月里，你有很多事情要做，以确保他们在团队中的成功和适应。以下是你要遵循的一些指导原则。

- 设定短期目标：为你的新员工清楚地确定一到两个项目以及它们的最大预算和准确的完成期限。
- 建立他们的内部关系网。例如，第 1 周与市场营销部的维克拉姆、财务部的贾斯明会谈。对你的员工进行这些谈话表示肯定。
- 列两张清单："需要帮助的人"和"能提供指导的人"。

前6个月，可以这样管理

既然你已经有了"直到你准备好开启一条新曲线"的计划，是时候关注这个角色的前 6 个月，并提供成功的衡量标准了。因为 S 型曲线底部的规律会让他们的努力工作看起来收效甚微，所以你应该注重衡量他们的努力和动力，而不仅仅是成绩。

曾有一个客户来找我，当时他正在建筑业开始一份新的工作。他对自己的计划很乐观，他的雇主也是如此。这种情况一直持续到他投入工作后发现既没有后援，也没有可以衡量进步的短期指标。老板似乎相信他的新员工是一剂灵丹妙药，能够改变一切。两个月过去了，他没有做出成绩。他的老板宣布了一个令人担心的消息：一切都不顺利。工作才一年，他就被解雇了。

对新员工来说，设定短期目标至关重要。这种事实上的约束给你的新员工提供了一些标准来评估他们做得有多好。就像一名滑板运动员，如果在各种各样的技巧上得到了快速而有用的反馈（以摔倒在沥青路面上为例），他们就会知道做什么能成功，不这样做就意味着摔倒并受伤。加强约束，加快反馈的速度，员工将会学得更快。

你可以从一张清单开始，根据计划来衡量进展。例如，拟定一两个权责分明的项目，确定精确的截止日期和最大预算。如果有必要，让它们成为项目中的子项目，允许快速迭代和速战速决。这会使他们专注于学习和提高，而不是担心把任务搞砸了。

这些项目之一应当是建立他们的关系网。在第一周提供一份具体的联系人名单，在第二周，要对进行沟通交谈的员工表示肯定。你希望他们向谁寻求指导？你想让他们去帮助谁？这些建立关系网的任务特别重要，因为它们是具体的、容易实现的，也因为它们将你的新员工融入了你的组织架构。他们认识的人越多，做事的能力越强。

当你以明确项目范围的形式进行约束时，他们（和你）都可以收到反馈，这将有助于你考虑他们的进步。正是这个原因，"密室逃脱"游戏作为一种企业团建活动越来越受欢迎。一群人被锁在一个房间里，寻找线索，解决难题，以获得逃跑的钥匙。这样的练习暴露了个人在应对约束时的优势和弱点。谁能很好地沟通或者在压力下保持冷静？最后期限如何处理？谁是分析型思考者？哪些团队成员更有想象力，更合作，更自信？在正常情况下，我们打开一扇门离开房间，没必要打破常规。锁上门，保持克制，换句话说，就是接受约束。那么，个人隐藏的优势和对这些优势的赏识将会显现出来。

听取新员工的"局外人"想法

在前6个月里，一个重要的里程碑是了解新员工对公司运营的看法。这似乎是一件显而易见的事，但是从缺乏经验的人那里获取信息可能使人厌倦。他们有各种各样的想法，而且他们会质疑所有的事：为什么要做这件事以及为什么要用这种方式。所以，我们对此会有抵触。

最近，我与一位首席执行官共事，他的销售团队正处于S型曲线的顶端。为了激励团队，他雇用了一位处在曲线底部的新员工。结果适得其反：那些根基深厚的员工以"饥饿游戏"的方式把新员工赶走了。这种职场战争被称为"温和围攻"。[5]

当一位新人被介绍给你的团队时，作为一名领导，你会如何处理可能爆发的冲突？英特尔公司的首席战略官、芯片行业最资深的女性之一艾莎·埃文斯说过，当收到一份想要"温和围攻"某个人的报告时，她会问："你是不是想让这件事情升级？如果是，那么我需要知道，然后我们会请人力资源部的人过来。"于是，围攻停止了。

我们都喜欢使自己感到舒服的想法。我们坚持既定的观点似乎是为了生存，但是，能够听到别人相反的意见而没有丝毫被冒犯的感觉，可以让我们沿着学习曲线更快地前进。我们甚至会发现，自己对最初不同意的事情也会欣然接受，如果我们敢于退一步，给它们一个机会。要学会从那些还没有因熟悉而盲从的新人那里征求意见，未来的业绩和创新可能就取决于此。

Tucker Ellis 房地产集团的私募股权法律事务所主席杰恩·尤万发现，新员工的质疑精神可以给她提供一些她从未考

4 管理渴望成功的新员工　　101

虑过的好处。在艰难且高风险的双胎妊娠期间，尤万决定雇用一名初级律师来处理她的一些日常事务。她的公司雇用了阿什利·高尔特，后者是一名律师，最近刚搬回这个地区，她自己也刚刚生完第一个孩子回到工作岗位。尤万富有创新精神，并且精力充沛，但是最近，客户活动的增加使她筋疲力尽，很难保持头脑清醒。"阿什利像龙卷风一样来了，"尤万回忆道，"她渴望重新加入一家律师事务所，并热衷于改变过去的做法，开辟一条更好的道路。当我要求她打印并审查一项公司交易的合同时，她从我们的图书馆中寻找电子资源，以一种更高效的方式审查合同，加快了流程并维系了客户资源。当我说因为我几乎不能走路而无法建立人际关系时，她向我提议，组织电话会议。阿什利·高尔特知道，保持积极的心态并且不畏艰难继续创新，是建立和发展一家成功的律师事务所的关键。因为这是一次真正的团队合作，所以我的业务从未减少过。"

尤万希望在这个脆弱的时期，一位新员工能减轻她的负担，无论是在工作还是在个人生活上。对她来说，反对高尔特不满并抵制她的新观念很容易，但是，她愿意接受高尔特的活力、想法和对既定规范的反抗，这对她来说是一笔不可思议的财富。

我们都惊叹于那些在地下室、车库或棚屋里起步并取得巨大成功的大型企业。那些创始人经常分享一条耳熟能详但看似不太可能的成功之路：有人开始修补一个想法。他们做的不是传统的事，是非常不合常规的事。你的新下属不太可能被派到公司的仓库去做他们的工作，但是在车库里修补一个非常规想法正是处于曲线底部的活动，而且它能产生惊人的效果。当你还没有被公司的文化和惯例束缚时，当你还不知道如何去做自己正在尝试做的事情时，当你还没有通过执行特定的、重复的任务来掌握自己的职责时，这就是你的眼睛和头脑最愿意接受新事物的时候。你要好好地利用它。

6个月的试用期

如果你的新员工在工作6个月后仍在苦苦挣扎，你可能会质疑你的招聘决定。正如我们所说，在曲线底部，进展将是缓慢的，但是人们不禁要问：它仍处于一条S型成长曲线的低端，还是它就是一条平坦的直线？没人想宣布一条曲线的终结，除非实际真的如此。但是，如果你的新员工只是在勉力支撑，那么，进入一条新的曲线可能是无法避免的。

你如何知道什么时候该放弃，什么时候需要更多的耐心？我评估过成千上万的新企业和有职业梦想的人，我从中了解到：如果你能用"是"来回答下列问题，那么你的新员工就处于曲线的底部，成长就在眼前。

1. 这个人是否占据了一个没有被占据的位置？ 当我开始从事股票研究时，我受雇关注拉丁美洲的水泥和建筑行业。不久之后，我们银行与另一家银行合并了，那家银行已经有了一位水泥和建筑行业的高级分析师。当你的工作和另一位员工有重合时，你就失去了做这项工作的空间，甚至你都没有一项明确的工作可做。即使是一名真正有潜力的员工，也可能没有成长的空间。幸运的是，有很多媒体公司在上市时都没有分析师进行报道。在假设这一领域的报道时，我进入了一个无人涉足的利基市场，并且能够沿着学习曲线快速上升。

如果你创建了一个新角色，那么新员工的成就可能不会马上显现。你期望他们最终会有所贡献，而且是出色的贡献，但是目前还没有可以量化的结果。他们是好伙伴：很多改变游戏规则的人在他们的起步阶段并没有得到多少关注。莱特兄弟用了很多年在没有观众的情况下试验了他们的飞行器。[6] 第一次动力飞行没有得到媒体的报道，有的只是冷漠和怀疑。除了附近的邻居，几乎没有人相信这些事情真的发生了。莱特兄弟是有远见的人，他们坚持不懈，直到他们的天才在 S 型曲线上飞升，打破了纪录。一个缓慢的开始并不是故事的全部。

2. 这个人是否发挥了他的优势？ 促进个人颠覆的关键因素之一就是发挥你的优势。你应该与员工一起工作，发现他们的独特优势，然后学会在最有效的地方运用这些人才。

乔斯琳·王曾在普渡大学学习工程学，后来在宝洁公司从事制造工作。这是父亲想要她做的，乔斯琳也想让父亲感到骄傲。但是她感到自己被困住了，她不擅长这项工作。老板没有放弃乔斯琳，没有责骂或解雇她，而是问她是否想试试其他职位。毕竟，她是一个工作努力的员工。事实证明，乔斯琳非常擅长市场营销。自2001年那个决定命运的日子开始，她一路成长为家庭美元百货公司（现为达乐公司）的首席营销官，目前，她是《财富》40强公司之一的劳氏公司的首席营销官。如果当时宝洁公司放弃了她，没有为她找到另一条可以攀登的曲线，那将是多么大的浪费啊！[7]

3. 这项工作很难，但不会使人感到疲惫？ 曲线很难是一回事，如果它使人感到疲惫，那就是另外一回事了。越来越多的心理学研究表明，在一个无法达到的目标面前坚持不懈，会对你的生活质量产生负面影响。康考迪亚大学的心理学家卡斯滕·沃罗奇说："对反复失败或自身不足的失望会对内分泌、免疫力、新陈代谢和中枢神经系统的生物过程产生负面影响。"这将发展为长期的疾病。[8]

害怕工作、身体状况不佳或情绪很不好都是曲线停滞的特征。学会从目标中解脱出来，停止向遥不可及的目标发起挑战，这是一项重要的生活和职业技能，也是一种保持健康状态的自我保护能力。当我们意识到员工处于错误的曲线时，我们需要帮助他们采取行动。

相比之下，如果人们精力充沛，按时、出色地完成他们的工作并能不断地提出新点子，那么你可以放心，他们的成长即将到来。

4. 处于曲线底部的员工是否正在获得动力？ 使用合理的指标是关键。在 S 型曲线的底部，你想要衡量的是新员工工作的动力，而不是绝对的绩效。例如，如果你的新员工上周需要 8 个小时来完成一项任务，而一位有经验的员工只需要 1 个小时，那么这周，这位新员工用 6 个小时，甚至 4 个小时能完成它吗？关于指数级增长的数学知识告诉我们，起点在很大程度上是无关紧要的，重要的是：你在成长吗？你成长得有多快？

一种跟踪势头的方法是让处于曲线底部的员工与其他参与者结成伙伴系统——为这条曲线上最初几个月即将发生的事情制定目标。当你的新员工开始对他们的任务公开负责，从他们的"伙伴"那里获得反馈，并且有所改进（或没有改进）时，你就会越来越清楚这个员工是处于停滞状态还是处在上升的轨道中。

如果在我刚才提到的有关新员工的问题中，你有 3 个或 3

个以上的回答是"不",那么,也许是时候放弃了。任何向新曲线的跳跃都免不了短期内的效率损失。很多时候,我们和我们渴望的结果之间唯一的障碍就是韧性。但是在其他时候,没有可行的成功方法。相信延长时间或投入资金就能扭转局面的说法很诱人(我们都对沉没成本谬论很敏感),但是知道什么时候止损将决定这场事故是一艘小船沉没还是泰坦尼克号沉没。

如果一名新员工处在一条错误的曲线上,你会怎么做?不仅你会知道,私下里他们自己也可能知道,即使他们还没有做好承认这一点的准备。如果你尊重他们的工作,你也许能够帮助他们在你的公司里找到更合适的位置,就像那位高级主管对乔斯琳·王的帮助。否则,他们只能离开。尊重你的前员工,他们会成为公司的终身大使。

即使一条曲线已经变成直线,经验也是一位伟大的导师。失败的冒险可以帮助我们下一次走上一条更明智的道路。新西兰运动表现研究所对竞技冲浪运动员进行了研究,发现他们通常花8%的时间冲浪、54%的时间划船、28%的时间等待。[9]没有人会否认划船、等待和不可避免的失败是通向最终成功的不可或缺的一部分。就像一名冲浪者,下一个浪头可能就是你一直在等待的S型曲线。

做一名首席激励官

德文·J.科尼什是一名儿科医生，年轻时在约翰斯·霍普金斯大学当住院医生。当他把自己与其他实习生进行比较时，他经常觉得自己准备不足，也不够聪明。他分享说，在他工作的第三个月，有一天深夜，他坐在护士站里，"当我试着给一个得了肺炎的小男孩写入院单时，我一边啜泣一边打瞌睡。我从未如此沮丧过，我竟然不知道如何治疗一个10岁孩子的肺炎"。就在这时，一位年长的住院医生把手放在科尼什的肩膀上，问他怎么了。当科尼什倾诉完他的沮丧后，这位住院医生"告诉我，他和其他年长的住院医生都为我感到骄傲。他们觉得我会成为一名优秀的医生。在我甚至都不相信自己的时候，他却相信我"。[10]

处于曲线底部的最大挑战之一是，人们努力工作，但他们觉得自己的工作做得不是很好（他们可能是对的）。如果他们感受到你（他们的老板）的不安或反对，他们的担忧会增加。记住，他们接受这份工作，是否继续做下去很大程度上是因为你。如果你能让他们在探索这条新的S型曲线时感到安全，并认可他们的努力（即使他们的表现并不完美），你就是坐在一座金（和铜）矿上了。

小 结

- 曲线的底部是新员工和处于职业早期的专业人士的聚集地，这里也有经验丰富和处于职业晚期的专业人士。无论如何，要像对待学习曲线上的新手那样来管理他们。你要用 15% 的人来优化你的团队。
- 当我们可以向新员工传达我们对组织和他们在该范式内的愿景时，曲线底部遇到的挑战就变得更可控。
- 经常与处于曲线底部的员工诚实地交流你的需要以及你对他们的期望，并鼓励他们同样坦诚地告诉你，要从你那里得到什么，他们才能在工作中成长。
- 促进个人颠覆的一些因素在一个新角色开始时特别重要。确保认识到这些因素并充分地利用它们。
- 持续评估处于曲线底部的员工的动力以及他们与团队其他成员的配合度，这有助于及时解决问题并进行调整。如果个人与团队配合度不佳，它会提前发出警告，防止团队内部运作混乱。

5
发挥每个人的优势

> 给人们更多的信任、自由和权力。
> 如果你没有危机感，那就说明你给得还不够。
> ——拉兹洛·博克

特莉萨·扬西是美国家庭保险公司（AFI）的首席营销官。这是她梦寐以求的工作。在进入美国家庭保险公司之前的7年，她在汉堡王和福特等标志性的美国知名企业中担任过重要角色。为了升迁，她努力工作。也许有人会原谅她一时的松懈，但她的老板绝对不会。美国家庭保险公司的首席执行官杰克·萨尔茨韦德尔不想让她成为一名平庸的首席营销官，而是希望她与众不同。扬西称赞萨尔茨韦德尔总是督促她，从不允许她在自己的角色中变得自满或平庸。他会毫不犹豫地给员工分配具有挑战性的工作，并多次允许员工从头开始，以改进和完善他们的工作。"为了帮助公司和你个人，他不怕让你经受严峻的考验，"扬西说，"他总是鼓励我向前，多付出，多服务，多行动，多梦想。"[1]

这就是学习曲线上最吸引人的部分：当你不再是一个困惑的初学者，又不是一位略感无聊的大师时，这就是"最佳位置"。一位好的老板知道如何延长曲线上这段最富成效的时间，即一个人已经具备了能力，但还没有停滞不前。这里聚集了能量和力量。在理想的情况下，你的团队中将有70%的成员处于这个最佳位置。

在学习曲线的底部，你的新员工经历了由缺乏经验带来的约束。你用阶段考核的形式施加了约束，为他们提供快速反馈，评估动力，并在必要时帮助他们重新调整目标。现在到了重新评估的时候了：是否需要施加一个人为的约束，例如，一个新的具有挑战性的目标？曲线的陡峭部分是人们主动表现自己的地方，是他们进行创造性思考的地方，是他们创新的地方。这确实是个最佳位置，你的许多员工正处在这一阶段——你的工作就是最大限度地支持他们。

具有挑战性的工作与摩擦定律

物理学中有摩擦定律。"我们认为这很糟糕，"著名物理学家哈维·弗莱彻的孙女、物理老师蒂娜·约翰说，"它会使发动机和鞋子磨损。如果摩擦没有使我们减速，我们可以滑得更快。但是如果没有摩擦，你甚至都动不了。"一个人从站立不动到向前移动需要用脚推地，然后地面推动我们前进。这就是牛顿第三定律：对于每个作用力，都有一个大小相等、方向相反的反作用力。想想冬天在一座结冰的山上，你的车轮打滑就是因为没有什么东西反推它。由于重力的作用，我们需要摩擦来改变方向，转弯并沿着一条曲线向上移动。

你可以把这个道理应用到你团队中处于最佳位置的那些员工身上。他们似乎做得很好，在没有摩擦的情况下滑行自如，轻松愉快地度过他们的工作日。但是我们不会滑到山顶取得巨大的成就，也不会抵达 S 型曲线的顶端。

摩擦在曲线底部的开始阶段一定存在。当处于曲线底部的人获得拉力，自然的摩擦就会消失，从而导致动力的损失。你可以给员工一个他们无法完全掌控的业务上的挑战重新引起摩擦，这就需要你投入更多的精力来保持，甚至增加动力。

它以具有挑战性的工作形式出现。当遇到挑战时，67%

的人会表现出高于平均水平的创造力，只有33%的人在没有挑战性的职位上表现出高于平均水平的创造力。[2] 在理想情况下，你可以巧妙地分解任务，使之符合"金发姑娘原则"（即"刚刚好"）：如果任务太重，你就会回到曲线的底部，因为工作可能非常困难，以致造成严重的后果；如果任务太轻，则不具有挑战性。你想一直待在"刚刚好"的地方。

在一项任务的复杂性和我们对它的享受程度之间存在着一种有序的关系。当我们用图表来表示它时，它就是一个倒U形函数。如果x轴表示一项任务的难度，y轴表示我们对它的喜欢程度，如果你处于图的左下角，那就说明这项任务太简单了，因此没有多少乐趣。随着任务越来越难，你的享受程度也会提高。挑战和乐趣在相当长的一段时间内会保持正相关，直到挑战超越了个人的极限。最终，有些事情变得太难以应付，你的乐趣减少，你会讨厌你正在做的这件事情。耶克斯–多德森定律指出，当压力过低或过高时，人的表现就会变差。[3]

中立星公司的前首席营销官丽莎·乔伊·罗斯纳分享了她大学时代的一段经历。当时她选修了一门课，教这门课的杰克逊·布莱尔教授被誉为英国文学系最严格的老师。她喜欢阅读，课堂讨论也很活跃。当她要交第一篇论文时，她非常努力，交了一篇她确信水平一流的作品。想象一下，当那份被做了大量标记、评分为 C+ 的论文退给她时,她有多么沮丧。

最后,她去找布莱尔教授讨论分数的问题。当她出现在他的门口时,他告诉她,他一直在等她。"如果其他学生交了那篇论文,他们就会得'A',我对你的要求更高。我不想让你完成普通的'A'作品,我希望从你那里得到优异的'A+'作品。我会教你如何去做。"

他成为一名真正的导师,他所灌输的想要出类拔萃的意志影响了罗斯纳的生活和事业。胆怯的管理者可能毁了你的事业,而优秀的管理者可以成就你的事业。

处于最佳位置的员工对自己的能力很有信心,他们已经度过了曲线底部的日常挣扎,然而,管理者通常不愿意为这些员工提供具有挑战性的工作。可能是因为这些员工都有很大的潜力,你不想让他们泄气或偏离轨道。但是,经历一次真正的失败风险是激励我们大多数人有所作为的动力。考虑这样一个趋势,顶级运动队在面对实力较差的对手时往往表现最差。要允许,甚至鼓励反对意见,因为摩擦能推动我们前进和向上发展。[4]

一项新的具有挑战性的工作并不意味着放手不管,事实上,你可能想要更多地参与进来,积极地指导你的员工。科技巨头威普罗公司的首席营销官纳文·拉杰德夫和我分享了他与他最好的老板的一次改变人生的相遇。这位导师给他上了一课，改变了他的管理风格。拉杰德夫当时正在和一位潜在的客户做一笔大生意。由于竞争非常激烈，他想给客户提供更多折扣。他的老板给他开了绿灯，但是警告他说，打折可能会导致拉杰德夫达不到盈利目标，并在数千名员工身上引发多米诺骨牌效应。"他们可能拿不到季度奖金。"拉杰德夫被提醒道，他们可能指望这笔钱来买车，付买房的首付，支付教育费用，或者完成其他一些重要的个人或家庭目标。最终，拉杰德夫在没有给客户折扣的情况下达成了这笔交易。"我觉得在工作中我变得更人性化了。"拉杰德夫反思道。现在他做的每个决定都会更多地考虑人们的需要。"我看到在每个人的头顶上都有一个梦想的泡泡，就像卡通人物一样。我没有权利把它戳破。"

但是，我们给员工的挑战必须是可以实现的。我们试图创造一种环境，在那里，失败虽然是一种真正可能的结果，但并不是预先确定的结果。想想一位成功的专业人士，他受聘为一家规模虽小但信誉良好的语言翻译公司增加销售额，该公司的目标客户为医疗和制药行业。公司的老板希望在5年内使收入增长200%。但是，为实现这个目标而雇用的销售人员很快发现，公司并没有打算雇用更多的项目经理或其他人员来负责新业务，也没有计划把技术升级到最先进的水平。公司业务一直建立在只有几页硬拷贝的快速翻译项目上（现在大多数翻译工作都是数字化的，很少有硬拷贝工作）。经过几个月的激烈讨论，很明显，老板希望像以前那样，通过一次一两页的翻译服务，将收入增加两倍。这位销售专业人士转到了另一条更有前途的曲线上。不切实际的目标和期望导致了员工的离职。

大多数人，包括在你团队中工作的那些人，都希望利用他们的智慧、创造力以及他们的时间和精力去解决重要的问题。你要确保你的员工了解你对公司和团队的愿景——尤其是对他们自己的愿景，然后让他们去解决一个大问题。

具有挑战性的工作不是你唯一的工具

即使你没有增加具有挑战性的新工作，你也可以通过施加适当的限制，来保持优秀员工的工作积极性。这听起来有违常人的直觉：这些都是你最能干的员工，你可以依靠他们把工作做好，为什么还要限制他们？

当我与一些组织合作时，我们会做一个探索性的练习，帮助领导者把他们的限制重新设计为积极的约束。对那些处于最佳位置的员工来说，你可以考虑施加以下几类限制。

时间

对大多数人来说，时间是最大的限制。如果你设定了一个紧迫的期限，那么，一项要求不高的任务也会变成一个巨大的挑战。在许多情况下，时间限制是已经存在的。如果不是，这里有一些问题你可以问问你的员工和你自己。

- 如果要在9个月而不是12个月内完成年度目标，你会有什么不同的做法？

- 如果你要离开3个月，你会做些什么来确保你不在的时候公司照常运转？（这个答案可以为你处理健康问题、怀孕和生产、老龄化等问题提供解决方案。）

- 最重要的需要优先处理的事情是什么？哪些事情不那么重要？你必须完成什么，才能让你的经理支持你转到一条新的曲线上？

- 什么工作不需要人力资源来完成？我的一位大学教授朋友被淹没在一大堆需要评分的试卷中。一位同事建议他雇一名助教帮忙。他却找到一种方法，使用手机应用软件可以在几分钟内，而不是几个小时内为多项选择题自动评分。

- 如果你知道你的明星员工在他们目前的岗位上工作不会超过3年，你准备做些什么？

钱

"要是我有足够的钱就好了。"我们都听过这句话,自己也都这么说过。与时间一样,当资金有限的时候,我们的想法更具建设性。我经常听到雄心勃勃的企业家说:"如果我能筹集到资金,我就可以创业了。"一项研究对200家失败的初创公司分析发现,那些获得资助的初创公司失败的首要原因是它们用完了所有的现金,对那些没有获得资金支持的初创公司来说,这只是失败的第10个原因。[5] 充足的资金并不是灵丹妙药,囊中空空也不一定会毁灭我们。如果你有一个想法,那么一个简单的问题是:"如何用最简单、最便宜的方法来验证这个想法?"下面是一些你可以用来考验团队的具体问题。

- 如果你的业务部门必须作为一个独立的实体实现盈利,你的业务模式会是什么?
- 如果你今年必须把利润提高到明年的目标水准,你会做什么?
- 如果你只有当前营销预算的一半,你会采取什么不同的做法?
- 如果你必须用少了25%的部件来制造一种产品,你会怎么做?

- 如果你不得不将预算削减一半,但还得提供同样的产品或服务,你会怎么做?
- 如果你必须用当前预算的80%组建一支高成长型团队,你会怎么做?

在讨论完这些问题后,问问你的员工:"你为什么现在不这么做呢?"

"需要是发明之母。"这句信手拈来的格言概括了这样一个事实:绝望与颠覆,以及颠覆带来的创新力常常是紧密相连的。当没有梯子时,我们可以试试绳子。当我们到达绳子的尽头时,我们可以把一条腰带绑到滑索上,像詹姆斯·邦德那样滑下去。是不是很棒?当我们没钱的时候,当我们用尽了传统渠道所能提供的一切可能时,我们就会探索或发明一个新的渠道。

专业知识

世界需要专家,但是也需要新手。有时候,最好的想法来自不知道惯例或不知道"它是如何做的"。如果想知道缺乏专业知识如何能成为一种有价值的约束,可以问问你自己和你的员工:

- 你的竞争对手（低端颠覆者和15%处于曲线底部的员工）对这个行业知之甚少，他们会"愚蠢"到认为自己可以解决哪些问题？
- 如果要你当一天的首席执行官，并且你可以依据你的专业领域来管理公司，你会改变什么？
- 如果你团队中的每个人都是新手，你会怎么办？没有专家，只有新手。你会有什么不同的做法？

认可

　　对专业知识限制的挑战正在得到认可。当一位专家有一个想法时，人们更有可能认可它。因此，你能做的最重要的事情之一是，要求专业知识受到限制的团队成员学会为他们的计划征求意见并获得认可。即使你知道应当说"好的"，你也要让你的员工以一种能获得认可的方式来说明他们的理由。

　　为了帮助他们做到这一点，你可以问问他们：

- 如果你的想法必须得到一个10岁孩子的赞同，你会怎么说？
- 如果你必须向一个说不同语言的人解释你的想法，你会如何调整你的方法？

- 假设你从事市场营销，你会如何说服财务团队支持你的想法？对于产品团队，你将如何调整你的方法？
- 当你准备转到一条新的 S 型曲线时，你如何证明你的跳槽不仅对你有利，而且对你即将离职的单位的老板也有好处？

每当你提出一个新想法时，你都是在要求你的同事和老板转到一条新的 S 型曲线上，这容易引起他们的恐慌。记住，我们往往喜欢自己想法的安全性。因此，你该如何解释你的新方案，使它看起来对你的老板、你的老板的老板以及其他人来说风险更小？

赋予人们真正的责任

奥森·斯科特·卡德的《安德的游戏》是一个很好的利用约束来推动人们沿着学习曲线上升的虚构的例子，也是一部杰出的军事科幻小说。当安德还是个小孩子的时候，他就被送到一所战斗学校去拯救世界。他以一种别人想不到的方式玩战争游戏，成为学校历史上最成功的将军。他也受到了巨大的限制。他得到的是被所有人抛弃的不受欢迎的士兵，而且他也没有足够的士兵、时间和成年人的监督。然而,他的指挥官格拉夫上校说,这种资源的缺乏是至关重要的。"安德必须相信,无论发生什么,任何成年人都不会以任何方式帮助他。如果他不能从灵魂深处相信这一点,他就永远达不到能力的顶峰。"如果为你工作的人没有承担真正的责任——可能导致严重失败,但也会带来参与、创新和更高利润的任务,他们将永远达不到自己能力的顶峰。

让处于最佳位置的员工实现颠覆的约束条件

当你发现你的员工需要通过接受挑战来保持参与度时,是时候考虑一些具体的限制措施了。当你准备好给他们施加压力时,你可以考虑以下几类。

1. 时间:为更大的挑战增加一个难以实现的时间节点,提高年度目标,实现工作的自动化,并确定处理工作的优先顺序。

2. 金钱或其他资源:设置资源限制,以激发员工的创造力。问问他们,如果用一半的预算和更少的营销资金,需要更快地将一种新产品推向市场,或者需要在预算内组建一支高成长型团队,他们会有什么不同的做法。

3. 专业知识：为你的员工增加挑战，让他们像新手一样处理问题。
4. 认可：要求处于最佳位置的员工学会把他们的创新理念推销给团队中的其他人，像推销给客户那样推销给办公室的高层，因为他们确实是。

现任 Salesforce.com 网站首席布道官的瓦拉·阿夫沙尔曾经接受过工程师培训。在职业生涯的早期，他曾在生产网络硬件和软件的美国凯创公司担任软件质量副总裁和服务副总裁。当克里斯·克罗韦尔被聘为首席技术官并成为阿夫沙尔的老板时，他的最早举措之一就是减少阿夫沙尔的一些工程上的职责。克罗韦尔相信，（客户）最看重的是客户支持，而不是产品的特性和功能，甚至价格。因此，他告诉阿夫沙尔要专注于客户服务和支持。克罗韦尔告诉阿夫沙尔："我这么做，是因为这对你的职业生涯和我们公司都是最重要的事情。"

在接下来的几年里，克罗韦尔交给阿夫沙尔几项具有挑战性的任务，最终将他提拔成首席客户官，管理 7 个呼叫中心、100 名呼叫中心的专业人员、教育服务以及一个价值超过 2 亿美元的业务部门。当克罗韦尔最终成为首席执行官时，在与几位首席营销官较量之后，他任命阿夫沙尔为这家市值4亿美元的公司的首席营销官。从表面上看，这不是一个容易让人理解的举动，但是克罗韦尔分享说："瓦拉有很棒的想法，为展示我们的产品提供了最好的素材。他在团队成员中有很多追随者，而且当他面对客户时，他会以客户为中心。提拔他并不是一个困难的决定。"

如果克罗韦尔没有把他推向一个不同的方向，阿夫沙尔说："我（仍然）会待在实验室里做工程、制造、测试和发布产品的工作。"克罗韦尔愿意把阿夫沙尔推向一个新的方向，冒着失败的风险赋予他一份责任。这给了阿夫沙尔一个机会，看看自己适合做什么。

想想春天的球茎植物，例如水仙花和风信子。它们需要经历一段寒冷的天气才能茁壮成长。园丁们要么在秋天把球茎种在地里，任其自然生长，要么把它们种在花盆里，在凉爽的地方放上两个月，然后把它们带到一个更温暖的地方，以通知球茎"该发芽了"。这些球茎不知道或不在乎寒冷是自然的还是人为的，重要的是，如果没有这种温度的限制，它永远不会开花。时间、资金、专业知识以及认可的缺乏使员工采取了一种走向自我颠覆的战略。你的工作就是提供土壤，施加限制，让你的员工成长。

支持他们，让他们快乐

我意识到，在这一章中我已经谈了很多关于限制和失败的内容。这听起来像一剂苦药。然而，我们大多数人从经验中知道，当限制和真正失败的可能性与有效支持相结合时，管理是最有效的。

伊拉娜·戈兰是以色列空军的一名F-16战斗机飞行指导员，也是负责监督所有F-16飞行员的指挥官。她和她的团队彻底改革了飞行员的培训和教育计划，为此她获得了最佳指挥官奖。

23岁时，她成为一名工程专业的学生，并在以色列海法市的英特尔公司实习。从某种意义上说，当实习生意味着她正处于曲线的底部，尽管她曾在军队中肩负着重大责任。戈兰和她的老板、高级首席工程师兼形式化验证负责人齐亚德·汉纳一起分析了未来需要解决的重大工程问题。他们知道，由于逻辑的复杂性，他们的验证工具不适合下一代芯片，并且，当前的软件要么会耗尽时间，要么会内存不足。

汉纳让戈兰负责寻找一个解决办法。她从学术入手，但是太理论化了。随后她调查了一些初创公司，当时是 1997 年，可供选择的公司相对较少。然后，在汉纳的帮助下，她在瑞典找到一家名为 Prover 的技术初创公司。该公司正在研究提高铁路基础设施性能和可靠性的软件解决方案。英特尔公司邀请 Prover 的管理团队来到海法市。

他们共同花了一个星期的时间分析与铁路相关的软件。汉纳相信 Prover 所使用的算法和启发式方法可以应用到芯片上，然后他把戈兰送到瑞典与 Prover 合作，并构建了一个产品原型。他们进行了一次全面的基准测试，来看看原型的功能如何，并决定是应该自己制造还是购买（在公司内部生产相同的软件，还是通过购买瑞典软件来缩短时间）。英特尔公司最终以几百万美元的价格购买了这款软件。它被使用了几十年，是 Jasper 设计自动化公司的核心技术，该公司是一家集成芯片的形式化验证公司，后来以 1.5 亿美元的价格被楷登电子公司收购。

在给戈兰这项具有挑战性的工作时，汉纳冒了一个险，他通过指导她完成这项工作减少了风险。"齐亚德非常专业，"伊拉娜说，"所以我需要用专业术语与他交谈。我必须清楚地解释原理。在让我感到自由、相信我会撸起袖子大干一场和亲自动手帮助我之间，他起到了很好的平衡作用。"

汉纳现在是楷登电子公司的研发副总裁，他知道如何最大限度地发挥一名处于最佳位置的员工的潜能：他给戈兰布置了一项具有挑战性的任务，给予她大量的支持与协助，并对她最终的成功寄予了厚望。戈兰说："直到自己成为老板，我才意识到他是一位多么出色的老板。"

我们很容易忽视这些员工，他们正处于学习曲线的陡峭部分，是团队里最快乐、最投入、最高效的员工。他们与处于底部或顶端的员工形成鲜明的对比。对待底部或顶端的员工，你需要更多的亲力亲为，要么因为他们正在苦苦挣扎，要么因为他们即将离职，你感到恐慌。

处于最佳位置的员工同样需要管理。要让他们快乐！无论是在绝对还是在相对层面，薪水都是反映价值的一种简明的方式。如果你在工作岗位上的时间足够长，你可能会遇到这样一种情况：绩效指标显示你的表现优于你的同事，但是你得到的薪水和他们一样多，甚至比他们的还要少。也许你的贡献是不容易衡量的，比如软技能，或者你有能力让员工开启一条新的曲线，为团队或公司创造价值，而这是以你或你的团队为代价的。事实是，在职场，没有什么比工资低更让人难以忍受的了。薪水是你的起点和终点。如果做对了这件事，你就可以让你的员工知道，你是值得他们信任的。

你可以通过一些无形的奖励增加你在财务方面的诚意，比如提供持续的培训。在哈佛商学院的高管教育培训中，令我惊讶的是，高管们之所以经常被安排参加培训，并不是因为公司想要培训他们，而是因为公司担心他们会离开。你可以在他们需要的时候投资，而不是在你需要的时候投资，这样，你就降低了失去优秀员工的风险。

你也要给明星员工成为焦点的机会，以此来表明你很重视他们。来看看位于宾夕法尼亚州梅卡尼克斯堡的 AgChoice 农业信贷公司的组织效能主管吉娜·莫希尔吧！AgChoice 是规模更大的 AgFirst 农业信贷体系中的 19 个分支机构之一。她的老板、首席执行官达雷尔·柯蒂斯在 2004 年她刚从学校毕业时就雇用了她。她拥有动物学理学学士学位和组织发展学理学硕士学位，并从信贷分析师开始起步。莫希尔不断地被赋予新的曲线，并且不断地为公司增加价值。她正处于当前曲线的最佳位置，负责监督培训、开发以及信息技术的应用。

最近，我为 AgFirst 农业信贷公司组织了一次工作会议，与会者包括柯蒂斯和莫希尔。柯蒂斯不仅愿意在 AgFirst 的首席执行官面前介绍莫希尔，还公开称赞她，并愿意让她与整个农业信贷系统的高管分享她丰富的知识。"我很幸运能在 AgChoice 工作，"莫希尔说，"达雷尔一直支持我的个人成长，并鼓励我去寻找新的方法改变现状。当你喜欢做的事情让你感到快乐时，努力工作是很容易的。"

小 结

- 为了让你的团队保持最高效的状态，在任何时候都要让 70% 的员工处于学习曲线的最佳位置。
- 当自然约束消失时，你可以有意识地增加时间、金钱、专业知识和认可方面的限制。这些力量有助于激发创新的智慧。
- 舒适感的增加可能伴随着动力的丧失。提供具有挑战性的工作以及失败的真正可能性，重新引入摩擦，这是开始一条新的学习曲线的自然特征。
- 处于最佳位置的员工很容易被遗忘，因为一切都在正常运转。记住，要表现出你很重视他们。

# 6 管理处于曲线顶端的尖子

> 有那么一个时刻，一个转折点……
> 再没有比活在当下更明智的了。
>
> ——保罗·卡拉尼什，《当呼吸化为空气》

乔治·华盛顿是人们熟知的战争英雄和美国第一任总统，他面临许多管理者都面临的一个问题：是否允许一名表现最好的工作人员开启一条新的学习曲线。[1]亚历山大·汉密尔顿担任华盛顿的秘书（他最有能力的助手）长达4年之久。汉密尔顿认识到，战争为他展示能力和实现抱负提供了机会。天赋异禀的汉密尔顿渴望出人头地，随着时间的推移，他变得越来越固执，越来越急切。但华盛顿拒绝了他，声称不能提拔汉密尔顿超过上校军衔。

对华盛顿来说，真正的问题是没人能在写作上匹敌汉密尔顿。"经过与华盛顿形影不离的4年，汉密尔顿已经成为（华盛顿的）另一个自我，"传记作家罗恩·切尔诺说，"他能在文件中或面对面时捕捉到（华盛顿的）语气。汉密尔顿是华盛顿取得成功的牺牲品。"当汉密尔顿终于有勇气去反对一个被大多数人"像敬畏上帝般敬畏"的人时，他们之间发生了争执。与其他老板可能的做法不同，华盛顿做出一个"宽宏大量的和解姿态"：他道了歉，并"不情愿地尊重"汉密尔顿离职的决定。

这就是挑战：经过数月甚至数年的投资，我们的员工在学习曲线上迅速上升。他们已经成为我们的得力助手，愿意并且能够做好任何我们要求他们做的事情。我们已经习惯了这位优秀员工的巨额回报。当我们还在收获投资的回报时，我们为什么要逼他们去尝试新东西呢？就像华盛顿一样，我们喜欢优秀员工待在他们所在的地方，待在对我们最有利的地方。

但是，如果我们管理的是参与度（和创新），这里就是无聊、自满、权力纷争和停滞不前等负面因素聚集的危险地带。随着个人曲线增长达到顶峰并趋于平缓，如果还看不到改变的迹象，我们的优秀员工就可能逐渐或很快变成一个表现不佳的人。他们不再尽最大努力工作，因为他们不再面临挑战。这很少是有意为之的，但它无论如何都会发生，要么因为员工感到受到阻碍，雄心壮志受挫，要么因为工作变得太容易，例行公事很无聊。他们甚至可能像你一样，感觉自己所在的地方很舒适。早期的紧迫感和压力已经得到缓解，同时，推动他们前进的摩擦也减少了。

当你的团队成员到达学习曲线的顶端时，他们可能会公开表达这一点（比如学习新东西的愿望或离开你的团队到别处接受挑战的愿望），或者通过改变他们的工作方式（他们没有太强的动力，只是停留在过去的成功上）使你明白。随着一条新的曲线即将到来（详见第七章），你要充分利用剩下的时间，找到并利用机会让他们做出贡献。

让最优秀的员工分享经验

处于曲线顶端的员工在一片高原上滑行，到达悬崖边摇摇欲坠。他们是你团队中最有经验的成员，最理想的情况是，在任何时候你都有 15% 的员工处在这个位置。那么，你该如何管理你辛辛苦苦开发的人力资源，让他们为你和你的组织、团队工作？

要利用他们的脑力，让他们分享技能。当他们等待开启下一条曲线时，安排他们去完成重要但经常被忽视的任务，比如，起带头作用、传递企业文化以及促进缺乏经验的员工之间的合作。具体来说，他们可以扮演三个重要角色：

1. 领跑者：推动处于底部的员工脱颖而出
2. 培训师：传递企业文化
3. 导师：促进合作

领跑者：推动技能较低的员工脱颖而出

塞尔玛·斯昆梅克作为电影剪辑师已经为马丁·斯科塞斯服务了40多年，她在这个行业的顶端待了很长一段时间。她一直处于领先地位，也许是因为她从推动身边的人获得成功中得到了满足。

凯尔·安·斯托克斯是斯昆梅克的得意门生，她最著名的作品是《天罗地网》。"斯昆梅克是她这一行的佼佼者，是最好的剪辑师之一，但她从未表现得像一位天后，"斯托克斯说，"她总是很有人情味，可爱、亲切、善良。"斯昆梅克让斯托克斯感到问问题很舒服，从不觉得她是个麻烦。斯昆梅克还用大项目和紧迫的期限督促斯托克斯。当斯托克斯完成任务时，她回忆道："她的工作台上会放着鲜花（或甜豌豆）。（斯昆梅克总是）给周围的人带来快乐。"

斯昆梅克本可以成为一名女主角。然而，她利用自己的经验提升了同事的学习能力。你要好好利用你的优秀员工，让他们向不那么优秀的员工展示什么是成功。

培训师：传授他们的经验

戴维·沃森在办公家具制造公司 Steelcase 担任了 39 年的首席电工，2017 年 2 月，他 65 岁了。他没有立即离开公司，而是选择了分期退休计划。该计划于 2012 年启动，目的是防止婴儿潮一代退休带来大量的专业知识流失。"这是一种双赢，因为戴维拥有我们缺乏的丰富经验和技能。"位于密歇根州肯特伍德镇的 Steelcase 工厂的技术贸易经理史蒂夫·肯普勒表示。沃森把他的工作时间从每周 6 天的全职工作减少到 4 天，共 30 个小时。"更多的公司如果想保持最佳状态、创新力和客户关系，就需要这样做，"米尔肯研究所未来老龄化研究中心的主席保罗·欧文说，"而且年龄较大的工人也有继续工作的意愿。他们中的大多数人都希望能保持参与，继续工作，但是要用新的方式。"[2]

导师：鼓励他人迈出新的一步

金伯利·克拉科夫斯基曾是华盛顿特区非营利性医疗机

构Inova的信息部经理。在寻找信息分析师职位候选人时，卡罗琳·洛佩兹的简历引起了她的注意。洛佩兹在转行从事临床文档工作之前做了18年的临床护士。在该组织推出电子记录健康计划期间，洛佩兹培训了1.6万名用户，此后，她的角色就不再是必要的了。克拉科夫斯基偶然注意到洛佩兹的工作，对她的职业道德印象深刻。她决定雇用洛佩兹，并指导她走上新的学习曲线。

洛佩兹回忆，尽管克拉科夫斯基比她年轻，但是在2013至2017年的合作中，她是一位很有影响力的导师。克拉科夫斯基为洛佩兹提供了意想不到的机会，让她在全美会议上担任主持人，并指导她如何将自己的作品转化为适合不同观众的演讲。

在克拉科夫斯基的指导下，洛佩兹获得了计划外的教育学位和证书，并在一年内晋升为高级信息分析师。第二年，当克拉科夫斯基调到一个更高的职位时，洛佩兹便接替她担任了信息部经理。由于在护理管理方面的杰出表现，洛佩兹被Inova评为年度信息技术护士，并入围2017年卓越领导力奖的决赛。她将自己最近一次职业生涯的巨大成功归功于克拉科夫斯基。"她不断地为我制造挑战，让我设定更高的职业目标，然后支持我去实现这些目标。"她说。

在许多方面，导师的指导延续了师徒关系的悠久传统，它曾经是知识和专业技能从一代熟练工人传授给下一代后起之秀的主要方式。在高等教育普及之前，这种指导常常是手工业者和商人接受教育和职业培训的唯一途径。

一个动态的指导计划可以帮助处于曲线底部的员工更快地获得能力，并增加可用员工的数量，来代替那些转到新曲线的处于顶端的员工。导师指导为团队带来的好处远远超过了它给新员工带来的福利：它为那些在等待开启新曲线的过程中可能有点儿懈怠的员工提供了一个新的工作角度，并且通过更广泛的人才储备分散了培训责任。

让那些处于顶端的人回到现实

尽管你尽了最大的努力来保持工作的趣味性，尽管你鼓励那些处于曲线顶端的尖子成为导师，但他们似乎仍然有点儿太自满，太安逸，那该怎么办？面对那些经过努力奋斗，处于曲线顶端，并且喜欢这种状态的人，你会怎么做？

不要把这些员工与那些在同一个岗位上工作了很长时间，但仍处于巅峰状态的员工混为一谈。我谈论的那些人，他们不仅安于现状，能感受到任何可能破坏他们舒适生活的事物或人的威胁（他们经常无意识地认识到这一点）。为了减少变革对自己的影响，他们批评那些创新的人，因为创新带来的变革将威胁到他们。这种情况就产生了一种暗示：我们这里可不是这么做的。

那么，你该如何对付这些批评者？他们常常一不小心就扼杀了创新这一企业获得成功的命脉。

从你自己开始

海伦·简·赫恩是联邦传媒公司的内容策划总监，这是一家有影响力的数字营销机构，而她正处于S型曲线的顶端。《智族》杂志的前执行主编玛丽·盖尔·佩齐门蒂被引进公司时与海伦·简处于同一级别，但是后来，她成了海伦·简的老板。这虽然有点儿尴尬，但海伦·简谦虚地意识到她可以从玛丽·盖尔身上学到很多东西，不仅在纸媒方面，也包括人事管理方面。玛丽·盖尔让她的团队参加了盖洛普最受欢迎的优势测试。"然后她做了一些我的老板们都没做过的事情，"海伦·简回忆起玛丽·盖尔，"她说，'海伦·简，你很擅长处理快节奏、快速周转的项目，苏善于完成长期计划。这个项目包含这两个要素，需要你们互相学习，互相支持'。"这说明，在海伦·简的经历中，这种看似显而易见的管理技巧是前所未有的，玛丽·盖尔发现了她的员工的优势，并引导她们努力去合作而不是竞争，这一点非常棒。

与此同时，玛丽·盖尔也有自己的学习曲线。她不懂数字方面的知识。但幸运的是，自尊心和好胜心并不能左右她。玛丽·盖尔并没有像有些领导那样，把海伦·简拥有的专业技能归功于自己，而是公开承认了她的贡献。身处曲线的顶端或者底部——无论你在哪里，只要你愿意改变自己，你就能获得道德权威。

利用适度的羞辱

当每个人都清楚期望和规则时，你可以巧妙地利用一点点同行压力，鼓励那些不情愿的、处于曲线顶端的人做出改变。文卡特·拉金德兰是一位连续创业者，他最近的创业项目是ConvertCart电子商务平台，他还是印度国家研究与发展组织远程信息处理发展中心的早期创始人之一。这家公司已经发展到大约600人，他是最初的十几名员工之一。他讲述了他当时的老板萨姆·皮特罗达（第二章提到过）利用正义的羞辱的一段经历。

远程信息处理发展中心租用了一家五星级酒店的两层作为工作场所。在发现主会议室的一个门把手坏了之后，他们叫来一名勤杂工。修理完毕后，那名勤杂工准备离开会议室和他修门时造成的混乱场面，他认为打扫卫生不是他工作的一部分。远程信息处理发展中心的负责人皮特罗达，这位与印度总理有直接联系的有权有势的大人物却有不同的想法。皮特罗达要了一把扫帚，请勤杂工坐在椅子上看着自己把房间收拾干净。他想传达的信息很清楚：是你把这里弄得一团糟，你可以把它清理干净，这并不有损你的尊严。这次角色交换的事很快传遍了整个组织。有时候，做个好榜样是完成工作最好的方法。

道德劝诫和适度的羞辱是一种强有力的结合。当我们愿意颠覆自己时，我们就会在处理那些影响曲线顶端员工权利的问题上占上风。

不要美化员工的不良状态

如果某人的表现每况愈下，你作为老板有责任告知——即使现在似乎不是个好时机，或者你担心谈话可能不顺利。这不仅是一件尊重别人的事，而且很有可能，如果你的员工是个聪明人，他们已经知道存在某种问题（即使他们不同意你的观点）。

乔希·科芬在 Workday 公司担任面向客户的职位，该公司是一家财务和人力资源方面的企业软件公司。他与客户合作，从财务和人力资源的角度帮助他们扩大业务规模，然后与产品经理合作，建立这些资源。在他工作的第一年，他获得了很高的评价。后来，他有了一位新经理皮特·马可蒂。这位经理的领导风格与众不同，他更多是亲力亲为，这让科芬很失望。与此同时，科芬的妻子正怀着他们的第三个孩子，并且患有并发症。由于担心妻子，并对"事情的处理方式不同"感到很恼火，科芬在工作中表现不佳。

在妻子平安分娩、科芬休完陪产假回来以后，马可蒂告诉他，他的表现已经不合格了。这话很难说，也很难听。但重要的是，马可蒂并没有放弃科芬。他鼓励科芬，并给了他一项实实在在的新任务，告诉他需要做出具体的改变，并让他放心，一旦做出这些改变，他就会回到正轨上。6个月后，马可蒂对科芬的表现很满意，就告诉了他。皮特·马可蒂坦诚的态度帮助乔希·科芬修复了他们之间的分歧，使他的表现回到了最佳状态。

让他们感受失败的风险

很难让大学教授改变的原因之一是，终身教职确保了他们工作的安全性：他们在满足现状的同时也不会失去什么。根据学科的不同，他们可以几十年不更新讲课笔记。我和一些教授一起上过枯燥乏味的课程，我想我们大多数人都是这样的。1987年的电影《月色撩人》有这样一段富有深意的对话："这些课我已经教了100万年了。很久以前我就没有积极性了。一开始，我很兴奋，想和大家分享它。现在这都是死记硬背，老生常谈……我只是一个精疲力竭的老家伙。"这位长期脱离教学工作的大学教授，通过不断地与他的女学生调情来寻求满足感。当然，这只是一部电影，是虚构的，但事实上，很多职业生涯中的自我毁灭都是由于待在曲线顶端的无聊引起的。如果这个角色在自满情绪出现的时候不断遇到挑战，他的人生轨迹会有什么不同？

如果一名员工感到自己脚下的平台在燃烧，他就会有跳下去的动力。这并不需要严重的威胁，只需要一项具有挑战性的新任务。在这种情况下，对失败的恐惧可以成为一种有效的激励工具。我们可以帮助人们看到失败的样子，它是真实的——并且它真的会发生在他们身上。我们谈了很多关于"胡萝卜"的事情，这是激励人们行动起来的动力。当然，有些时候这是可行的，也是合适的。但是，人们对"大棒"的恐惧也不容忽视。

当然，如果你给你的员工安排了非常艰巨的任务，他们中的一些人不会成功。当一名处于学习曲线底部的员工失败时，这并不是灾难性的，甚至也不是那么令人惊讶的：他们所做的工作是全新的，而且他们仍然在学习。他们接受的培训或掌握的知识可能不够，你可以在这两个方面帮助他们获得更多。

但是，当一个处于学习曲线顶端的人失败了，你的一位明星员工失败了，情况就复杂多了。通常，资深员工都会对失败感到震惊。作为他们的经理，你可能也会对此感到极为震惊。你对他们失败的反应将具有指导意义，不仅对有问题的员工，而且对你管理的其他员工也是如此，他们会观察你将如何处理这件事。

艾伦·穆拉利（你在第一章见过他）提供了一个很好的例子，说明领导者对失败的反应既可以推动创新，也可以阻碍创新。穆拉利的加盟是为了使境况不佳的福特汽车公司扭亏为盈。[3] 他是一位受过专业培训的工程师，来福特公司之前是波音商用飞机公司的首席执行官。无论在流程方面，还是在预期行为方面，他过去和现在都是协同工作管理系统的大力支持者。在福特公司每周的执行团队业务计划复盘会议上，他会要一份关于每个新汽车产品项目的状态报告。这些产品项目的状态将根据它们的技术、进度和财务计划进行彩色编码：绿色表示正常进行或领先于计划的产品项目，黄色表示有潜在问题的产品项目，红色表示未按计划进行的产品项目。在最初的 6 周里，每个项目都用绿色编码表示。穆拉利曾经承诺，诚实不会受到惩罚，但是没有人相信他。在以前的管理文化中，领导都害怕分享他们的问题所在，因为大家普遍认为，只有当你找到解决问题的办法时，你才能提出这个问题。

一位高级主管最终决定进入高风险的聚光灯下，当他用红色标志新福特锐界上市的项目状态时，现场一片死寂。他马上就完蛋了，他的一位同伴想。这时，突然响起了掌声，原来是穆拉利在鼓掌，他感谢了这位高级主管。"能看到问题非常好。谁能帮忙解决这个问题？"穆拉利认为，"这是福特文化转型的决定性时刻。现在每个人都知道他们可以信任我，并信任这个过程。"一旦知道不会被解雇，甚至不用感到羞耻，人们就可以分享自己在工作计划中的真实状态，共同努力找到解决办法，使自己回到正轨。清晰的愿景、战略、开放性、透明度和合作成了公司发生惊人转变的基础，并最终带来《首席执行官》杂志在2011年提名穆拉利为年度首席执行官的结果。[4]

  我想了解穆拉利对失败的看法。当我和他交谈时，他总是说，"我没有看法"。他是你见过的最阳光的人之一，而且他的态度是：我从不考虑失败，也看不到失败。对我来说，这个答案是令人震惊的：对失败的恐惧是我们很难颠覆自我的原因之一。穆拉利随后分享了他对如何带领福特公司走向成功的见解，这是他一生的经验。"成功就是每个人都知道这个计划，"他说，"要了解计划的状态和对计划的预测、在重回正轨时需要特别关注的领域，并愿意共同努力，把项目从红色变为黄色，再变为绿色。这里没有失败，了解现状、问题和挑战才是最重要的。有了这种态度和透明度，我们可以共同努力来实现计划、战略和愿景。"这就是穆拉利在福特公司打造一支高成长型团队并成为人们喜爱和愿意为之工作的领导者的过程。

如果工作出了问题，尤其是严重的问题，作为领导者，你为支持员工所做的一切将会产生巨大影响。所以，把解决问题当成你的使命，而不是浪费时间和精力去推卸责任。就像穆拉利一样，只需要一个举动，你就能证明失败不会引发打击与迫害。1963年，哲学家兼学者唐纳德·舍恩在《哈佛商业评论》中写道："新思想要么找到一个拥护者，要么就会消亡。"[5] 对人来说也是如此。每个跳入S型曲线的人都是在创新，他们变成了一个陌生领域的门外汉。如果没有人支持，他们就会自生自灭。你支持你的员工吗？你的员工害怕失败，甚至害怕犯错误吗？这些都是我们应该问的好问题，并且还会引出更多问题。当这些问题得到了解答，它就能为我们所做的决定以及我们创造的文化提供有价值的信息——围绕着始终存在的失败问题。

应对失败

当员工或团队经历了重大失误时，试着做这个练习来理解失败，从失败中恢复过来，并充分利用失败：

> 1. 从失败的原因开始。什么过程没有到位或者可以改进？
> 2. 失败是因为缺乏努力，还是因为尝试了新事物却没有成功？
> 3. 这个人或团队失败是因为他们担任了错误的角色吗？
> 4. 不切实际的期望是失败的部分原因吗？可以用不同的方式来管理期望值吗？
> 5. 你要多久才能从这次失败中恢复过来？你从这次经历中学到了什么重要理念？也就是说，既然你已经为这个错误付出了代价，那么你的组织会得到什么样的回报？

根据问题的严重性和员工的个性差异，员工从失败中恢复的时间会有所不同。此处，要避免迫害或追究责任，并帮助他们重拾信心。研究表明，与男性相比，女性在失败后更缺乏自信。造成这种后果的部分原因是，人们总是根据潜力评判男性，根据业绩评判女性。[6] 我们对女性失败的评价也比对男性更严厉，而且记得时间更长。[7] 记录上的一个污点可能会给她们造成重创，并且让她们很难翻身。

哈佛商学院的埃米·埃德蒙森对失败进行了广泛的研究，从美国国家航空航天局的航天飞机爆炸到矿难，再到医院的事故。她的分析是，明智地应对失败正是公司成为"学习型组织"并避免未来灾难的有效途径。"失败并不总是坏事，"她在2011年的文章《从失败中学习的策略》中写道，"在组织生活中，它有时是坏事，有时是不可避免的，有时甚至是好事。"[8]但是当人们成为领导者后，他们就会尽量避免失败，失败开始让他们感到恐惧和威胁，而这种感觉在他们初入职场时是没有的。

帮助员工从失败中恢复过来是每位管理者都应该掌握的技能，例如鼓励你的员工勇于接受错误。著名的"第二城市"喜剧俱乐部创始人杰夫·米哈尔斯基对喜剧演员斯蒂芬·科尔伯特和其他即兴表演的学生说："你必须学会爱上失败。"科尔伯特进一步解释道："我花了很长时间才真正理解这句话的意思，它不是'别担心，下次你会明白的'，也不是'一笑了之'。的确，它指的就是字面的意思。当你失败的时候，你得学会去爱它……接受失败，在观众面前经历失败的痛苦能让你克服令你眩晕的恐惧。"[9]

你可能不喜欢看着员工失败，但是你可以学着重视失败带来的教训，并把它视为进入一条新学习曲线需要付出的风险代价。你可以慎重地处理这个问题，帮助员工从巨大的失败中获得好处。

倒退，还是前进

在化学中，一个发生反应的原子或分子处于一种化学状态和另一种化学状态（比如从水到水蒸气）之间的状态，就是所谓"过渡态"。[10] 过渡态是参与反应的所有粒子的组合。它们是不稳定的，但是在一瞬间，它们就像一个整体。

与化学反应一样，一名曲线顶端的员工正处于过渡态。他们会倒退，滑向自满吗？或者前进，在他们开启新的曲线之前，把其他人带到曲线上？你可以帮助他们做出选择。你的员工正在等待你提供一张温床，让他们的才能萌芽和绽放。他们希望有机会增强自己的技能，与时俱进，并为自己的职业生涯增加价值。他们想解决重大的、有意义的问题，希望能有所贡献。处于曲线顶端的员工仍然可以成为高成长型团队的一部分，但是如果你错误地管理他们，对待他们就像那些仍然处于学习曲线最佳位置的员工，那么他们可能会跌下悬崖。

小 结

- 在 S 型曲线的顶端，进展趋于平稳。无聊和停滞可能导致生产力下降和人力资源价值损失。
- 一些员工会积极寻找新机会，而其他人可能会享受自己舒适的现状，缺乏跳跃的动力。在这两种情况下，以及在这两种极端情况之间，一些管理技巧可以为我们提供帮助。
- 当处于曲线顶端的员工（大约占员工总数的 15%）正等待开启一条新的曲线时，让他们成为处于曲线底部员工的领跑者、培训师和导师。
- 失败是不可避免的。如果能把握好，它就会成为促进进步的有力工具，必要时，失败还可以成为一种改变企业文化的力量。

7
帮助员工开启新的学习曲线

> 你就像这只杯子,你的脑子里都是想法。你来求教,但是你的杯子已经满了,我什么也装不进去。
>
> 在我教你之前,你得先把杯子里的水倒空。
>
> ——禅宗教义,转述自龙潭禅师

我们可以把学习曲线比作一年四季:春天是一个新的开始,夏天达到快速增长和生产力的顶峰,秋天优雅地减速,曲线的最顶端是不可避免地屈服于严寒的冬天。如果没有随之而来的春天——一条新的成长曲线重新开始,员工就会陷入电影《土拨鼠之日》中的场景:他们一遍又一遍地过着同一个下雪天。许多高度熟练的工人跟比尔·默瑞一样,过着无休止的重复的生活。你要做出一个选择：让他们待在原地，看着他们的生产力逐渐地下降，甚至是急剧下降；看着他们突然离开，去一个更温暖的职业环境；或者你可以为他们找到一条新的学习曲线。

饮料公司 Hint 的创始人兼首席执行官卡拉·戈尔丁在开发出她的旗舰产品，即水果味、无糖、无添加剂的 Hint 水之前，就已经在当地的全食超市货架上为它抢占了一席之地。她在去医院生第四个孩子的路上卸下了第一批货物，那是在 2005 年。如今，Hint 已经是一家年营业额 1 亿美元的公司了。

戈尔丁明白，员工环顾四周并寻找下一座可以攀登的山峰的时间，不是在他们变得厌倦、自满、业绩下滑之后，而是在此之前。例如，她的一名高级员工一直在供应链问题和可持续发展领域与首席运营官一起工作。当戈尔丁问他是否快乐时，他说他喜欢正在做的事情。戈尔丁对我说："我告诉他，他应该去雇个人来代替他。""你说什么？"他问道。戈尔丁随后提醒他，公司并不是以每年 5% 或 10% 的速度增长，而是以 80% 到 100% 的速度增长。"你应该对高级管理团队说，'这是我的计划：我就要登上山顶，我对自己正在做的工作很满意，但是我想培养我的接班人，我已经到了为下一阶段发展寻找新机会的时候了'。"戈尔丁教她的员工去找他们的上司谈话，她希望他们能说：“听着，我很热爱也很享受我的工作。我觉得我表现得很好，但是我还能做些什么？"

从前面的章节中我们知道，管理者培养团队创新力和员工参与度的最有效的方法之一，就是让他们在厌倦之前切换到新的学习曲线。掌握实现跨越的人物、事件、时间、地点以及方式是非常重要的。当你的员工达到顶峰时，他们是否应该主动游说自己的领导，让他们开启一条新的曲线？的确应该。但是，请记住，让他们来找你，并对你说"我已经到达曲线的顶端，我需要尝试一些新东西"比你想象的要难得多。在这种情况下，老板掌握着大部分的主动权，而员工可能觉得要求跳槽就等于要求失业。[1] 你掌握了以下问题的决定权：曲线顶端的员工已无事可做，因此这里成为人们决定离开的地方？他们在这里失去了价值，变成了组织的累赘？或者，它是提高效率的起点？

提供帮助

如果你还没有这样做，那么是时候和你的优秀员工坐下来商量下一步的行动了。在员工沿着当前曲线上升的过程中，你搜集并分析数据作为发现——驱动颠覆过程的一部分。你可以利用这些数据来调整他们的表现，并让他们在最佳位置上取得最大的成功。在曲线的顶端，这一发现非常重要，我们可以以此来祝贺他们取得的成就，以及他们将来想要学习和想做的事情。

既然你确定你的员工已经或者即将达到他们当前学习曲线的顶点，那么是时候该帮助他们了。这个过程分为三个步骤：

1. 为他们的成就鼓掌。
2. 确定一条新的学习曲线。
3. 履行帮助他们跳跃的承诺。

鼓掌

回顾你的员工已经取得的成就。认识他们，就像认识某个大学毕业生一样，让他们有机会享受和庆祝自己的成就。在这条学习曲线的开始阶段，问问员工，需要你做什么来发挥他们的潜力，这有助于反向促进他们的成功。现在评估一下他们因担任这个角色而引发了什么。是什么能力（无论后天获得的技能还是与生俱来的天赋），或者超能力帮助他们脱颖而出？他们是如何以及为什么成功的？为他们的表现鼓掌。

确定

与你的明星员工开诚布公地讨论 S 型学习曲线的概念。向他们解释，当他们精通工作时，他们将迎来一个新的机会。你要和他们一起在公司内部寻找他们可能感兴趣的机会。与他们获得经验一致的合理的下一步是什么？他们心中的目标是什么？你认为以及他们认为什么样的挑战会让他们保持创新力和生产力？你要承诺在 6 到 9 个月内帮助他们开启一条新的曲线。让他们知道，他们不安分的大脑很快就会处于一条有很大成长空间的新曲线的底部，同时要求他们承诺，作为回报，他们要给目前的角色画一个圆满的句号。

当员工最初在曲线的底部加入公司的时候，你可能已经为他的下一步制订了计划，但是经过几年的工作，员工和他们的情况都发生了变化。在此期间，为了在不断变化的商业环境中保持竞争力，公司也发生了变化。原来的计划也许不再可行，或者它可能对你的员工或公司都不利。但是，如果你能保持一种发现—驱动的心态，那么不管发生了什么变化，你都能最大限度地发挥员工的才能。

履行承诺

帮助员工开启一条新的曲线可能会让人觉得有风险，管理者面临着团队出现巨大漏洞以及随之而来的生产力损失的风险。但是，如果他们的人才去另寻更好的机会，那么他们无论如何都要面对这种局面。

当你把员工利益放在第一位时，你就是在为自己的最大利益服务。你要履行你们关系中固有的承诺：他们已经为团队的成功付出了一切，现在你要帮助他们开启一条新的曲线，在那里，他们可以继续取得成功。你们之间的核心问题是信任。如果员工相信你想要帮助他们实现目标，并且你与他们的利益息息相关，他们就会回报你的付出，与你分享这些目标并付出他们最大的努力。这种开放性在竞争激烈的文化中通常是不存在的，但它是可以实现的。

把员工发展放在首位，短期内几乎不会给你带来好处，但是从长远看，它会使你受益。把眼光放长远，这样更容易建立一种相互信任的精神，而这种精神对于个人颠覆的过程至关重要。记住牛顿第三定律：对于每个作用力，都有一个大小相等、方向相反的反作用力。在第五章中，我们在给处于最佳位置的员工分配具有挑战性的工作时讨论过这个问题。现在，让我们换个思路。与其考虑反推人才，不如只考虑推动他们，例如推动他们开启一条新的学习曲线。当你招聘人才的时候，你吸引他们，接受他们。当你培养人才的时候，你推动他们和你自己前进。不管付出什么，最终你都会得到回报。

平级调动，留住人才

我们的目标始终是留住人才，但是人们的资历越高，留住他们的挑战越大。并不是每个人都能在职位上"升级"。"上升"并不是唯一的出路，这也是事实：许多学习和成长可以在平级调动中发生，最终它可能会完善员工的技能，让他们勇往直前。

在公司的法务部门，人们往往会在同一个岗位上工作很长时间，而英特尔公司副总裁兼首席隐私和安全顾问鲁比·泽福不是这样。她于 2003 年来到英特尔公司，管理 Trademark 团队。随着时间的推移，她增加了自己的责任，开始寻找职责范围以外的工作。然后，她接手了公司事务和英特尔基金会。英特尔基金会是英特尔的非营利性子公司，负责公司责任、公益创投、科学展览以及从女人到女孩的外展活动，在这些领域，法律上的挑战并不那么明显。"这是我支持过的最好的团队，"她说，"一切都值得庆祝。"

在到达曲线顶点以后，泽福将责任移交给一位继任者，她已经准备好迎接新的挑战。2011 年，她的老板苏珊·米勒研究了英特尔公司的产品路线图，决定需要有人围绕数据隐私和安全建立一个法务部门，并为信息技术部门提供更具战略性的高级支持。米勒觉得这个职位需要观念上的飞跃，她确信泽福知道如何建立全球团队，并且能够解决问题。泽福抓住了这次机会，尽管她对这个话题知之甚少，需要从法律内容和实践的角度进行一次深入的研究。"在我学习的过程中，我不得不这样做。我读了所有我能读到的东西，参加每一场地方会议，扩大我的关系网，并聘请了外部律师。这是一次巨大的努力，直到有一天我意识到，我和台上的人知道得一样多了。"正是这份工作让她获得了梦寐以求的副总裁职位，并为她赢得了一个国际隐私专家协会董事会的席位。

如今，通过处理新技术带来的混乱，泽福继续学习和成长。这些新技术领先于立法，有时甚至领先于道德规范（例如，为英特尔公司新成立的人工智能产品集团提供法律支持）。

这是雄心勃勃的专业人士梦寐以求的职业轨迹。他们如果有机会在你的公司建立个人资产，就很可能会这么做。如果没得到这个机会，他们就会失去兴趣或感到厌倦。

平级调动可能是一名员工在公司内部开启一条新学习曲线的最佳（或唯一）选择，但这可能会给他们的地位或薪酬带来不良后果。当"向上"看起来是唯一的上升出路时，你需要用你的创造力找到一个优雅的解决方案。薪酬专家斯泰西·佩特里鼓励经理们与那些潜在跳槽者进行开诚布公的交谈。她建议他们这样说："你愿意用什么来换取一条新的曲线？灵活性？共同领导，而不是独自领导一个项目？一旦明白了这一点，你就可以解决工资问题了。不要让他们放弃头衔或基本工资，因为他们很难从这两者的下降中恢复过来。"不要让他们和自己谈判，女性尤其容易通过谈判轻易放弃自己的价值。佩特里说："放弃很多不会被认为是真诚的表现，而是软弱的象征。"[2]

后退一步，获得反弹的力量

如果平级调动带来的是一些耻辱感，那么后退通常被认为是更令人头疼的一件事。我们往往认为后退一步的人一定有问题，但有时候后退一步才是正确的选择。就像弹弓，我们把它向后拉以获得向前弹射所需的动力。

2013年，丹·夏皮罗是领英公司的25位副总裁之一，也是全球销售主管。他从2008年开始投入运营工作，当时领英还是仅有600人的公司。从那以后，员工数量增长了10倍。2010年，他接受了一项具有挑战性的任务：进入销售部门，当时这对他来说还是个新领域。一开始，他的团队只有8个人，年收入为

4 000万美元。3年后,夏皮罗把收入增加到10亿美元,并领导着公司最大的业务部门,一支拥有1 000人的团队,可谓春风得意。据夏皮罗当时的老板、现任全球解决方案高级副总裁迈克·加姆森说:"通过经营我们最大的产品线,丹在销售方面已经做到了他能做到的最好程度。"

接下来发生了什么?在与老板的老板、首席执行官杰夫·维纳的一次步行会面中,夏皮罗分享了他想成为一位科技公司首席执行官的梦想。维纳的回答是:"目前的工作并不适合你。伟大的科技公司是建立在伟大的科技产品和技术之上的,你需要学习伟大的产品是如何被创造出来的。"这可不是夏皮罗想要的回答。他建立了这项业务,帮助公司扩大了规模,现在却发现自己举步维艰。在经历了短暂的挫折和思考之后,夏皮罗去找加姆森和维纳,对他们说:"让我们做这件事情吧!让我们创造伟大的科技产品吧!"你说什么?夏皮罗当时担任副总裁和销售主管,拥有1 000名下属,创造了10亿美元的收入,现在他想转到产品管理部门。这引发了一场关于"什么对领英公司最好"的讨论,还有关于投资回报期的问题。"丹愿意对子系统进行局部优化,以优化整个系统。"加姆森说。

根据领英公司获得的数据(他们有大量这样的数据),很少有员工从销售部门转到产品部门。对夏皮罗来说，这将是一次彻底的飞跃，他必然会遇到阻力，首当其冲的就是来自高管层的阻力。夏皮罗很擅长销售，人们早就把他归类为销售人员。因此，首席执行官的意见尤其重要。"我们的首席执行官杰夫非常开放，"加姆森回忆说，"他对如何成为产品人这个问题一点儿都不教条，不拘泥于'你到底是不是产品人'的问题。他有一种成长的心态，他的支持非常有效。"

当我问加姆森失去夏皮罗的感受时，他的回答让我吃惊。"我很高兴。世界上最优秀的人几乎可以做他们想做的任何事情。我可以保证为他们创造一种改变职业轨迹的体验，而且我得到了他们的忠诚。换句话说，我可以跟那些最优秀的人开个玩笑，问他们'你现在能为我做什么？'，然后让他们离开。当我把公司放在次要位置时，公司就是赢家。"

夏皮罗转到了产品部门，不是作为领导者，而是作为一名个人贡献者，与3位工程师一起工作。他没有直接下属，也没有得到任何职业发展的承诺。他要向高级产品主管凯文·西蒙汇报工作。西蒙的级别一直比夏皮罗低两级，但现在，他是夏皮罗的上级。西蒙承认他的心情很复杂。"我很兴奋。这就像在小联盟里打球，一名大联盟的球员加入了你的球队……因为丹完全没有产品方面的经验，他会给团队带来全新的视角和多样化的思维……但是，这有点儿吓人。管理一个经验更丰富、资历更高、与首席执行官关系密切的人会让人感到不安。"

管理团队动态也存在挑战。西蒙的团队有一些长期担任项目经理的人，也有一些因为缺乏经验错过了升职机会的人。"这就像家里新来了一个孩子。你要如何确保所有的孩子都能得到关注？"

实际的入职过程相当简单。领英公司总会招一些没有经验的员工。在夏皮罗入职后的前6个月里，他说，"一半工作让我觉得很棒，另一半让我觉得很糟糕"。西蒙像朋友和导师一般指导他，就像对其他人一样。然而不同的是，"在丹入职的时候，他做出的贡献是他头衔的10倍"。这在一定程度上是因为，他正想办法在领英公司的竞争对手没有涉足的领域发挥作用——为求职者开发产品。不久，这一领域成为网站增长最快的产品领域之一。

时间快进到2016年，夏皮罗成为领英公司价值20亿美元的人才解决方案和职业业务部门的副总裁，负责他之前管理的销售部和市场部，同时，产品部也向他汇报。

夏皮罗的后退成了一把弹弓。"这种方法之所以奏效，是因为丹做这件事情时完全没有以自我为中心。"西蒙说，夏皮罗甚至愿意接受降薪。"后退一步是一件极其罕见的事，但是它产生了巨大的价值。"这也是因为他的支持者、销售部的老板加姆森和产品部的老板西蒙愿意让这个计划成功，而首席执行官杰夫·维纳也希望它能成功，另外，人力资源部的主管帕特·瓦多斯和内部高管教练弗雷德·科夫曼也提供了帮助。

夏皮罗冒着巨大的风险颠覆了自己的职业道路（他见过他的父母这样做：他的父亲在50多岁时从商业转到了法律行业，他的母亲在40多岁时从零售业转向了心理学）。但是，如果没有来自多个管理部门的许可和支持，这种颠覆是不会成功的。

平级调动或像弹弓一样后退

把员工从一个部门或团队调到另一个部门或团队，无论是平级调动还是后退一步，都感觉像是一个冒险的提议。与你的员工讨论以下问题，评估一下这样的调动是否有可能成为一把弹弓。

- 你最终的职业目标或梦想是什么？你能沿着你现在的

7 帮助员工开启新的学习曲线

> 轨道到达那里，还是需要在另一条轨道上获得的经验、技能和知识？
>
> - 你想学什么？你在团队内部的什么地方可以学到它？你已经掌握的知识对其他部门或团队有什么好处？
> - 了解新的技能、部门和行业有多难？你愿意再做一名新手吗？

改变现状

创造性思维可以揭示潜在的人事变动，这对员工和公司都有意义。Rovi公司是一家拥有2 500名员工的数字媒体软件和服务公司。艾琳·施洛斯在公司担任首席人力资源官期间，她意识到她的两个人力资源团队陷入了冲突：一个是指导领导者应对员工挑战和组织设计的人力资源业务合作伙伴（HRBP）团队，另一个是负责招聘的全球人才引进团队。"人力资源业务合作伙伴团队的人常常抱怨，对他们的客户经理来说，填补职位空缺的速度不够快，"施洛斯说，"人才引进团队的人觉得人力资源业务合作伙伴团队的人没有充分告知客户经理担任一个职位需要具备哪些条件。"

她要求两个团队的领导交换角色。"双方视角的强制转换带来了巨大的变化，"施洛斯说，"他们两人最初都没有从事新工作的经验，但是他们对业务有基本的了解，而且他们手下有懂得具体细节的人为他们工作。这种有目的的重组提高了对每种职能和能力的理解。"

此外，交换角色还为每位主管增加了新的技能。当其中一位名叫措埃·哈特的员工后来成为就业网站 Upwork 的副总裁兼人力资源主管时，施洛斯说："她给我送花，感谢我的支持，感谢我鼓励她去尝试新事物。"通过建议，有时甚至迫使员工攀登新的 S 型曲线，管理者可以帮助优秀员工成长为伟大的员工。

为颠覆的轮子添加润滑油

把员工当成一系列的S型曲线进行管理需要你有颠覆性的心态。以下是一些需要考虑的重要问题。

- 我如何改变故步自封的员工或团队？

- 转换员工角色可以实现什么目标?
- 怎样才能创造一种鼓励甚至要求员工进行曲线跳跃的公司文化?

作为好时度假村和娱乐公司的首席执行官,比尔·辛普森要做一个艰难的决定。有两个很优秀的候选人来竞争一个职位,但他只能提拔其中的一个。

好时度假村位于宾夕法尼亚州的好时镇,拥有1 500多名全职员工,旗下包含房地产、会议设施和一个到处是糖果主题游乐设施的游乐园。它也是一个贯彻执行继任计划的组织。"我有一个笔记本,上面记录了公司的70位高管的情况,"辛普森说,"每年我都向董事会报告他们的情况。有50%的年份,我们会提拔他们。"

好时小屋的总经理在公司工作了40年后就要退休了,于是,这家拥有665个房间和10万平方英尺[①]会议空间的公司最大的酒店需要继任者。在候选人中有两个人优势明显:其中一

[①] 1英尺≈0.30米。——编者注

位了解收益管理、客户关系和合同管理，另一位熟悉酒店运营。最后，辛普森任命前者为总经理，并将后者提拔为副总经理。

辛普森知道，新任副总经理可能会因为没有得到最高职位感到失望，而他有潜力成为一位优秀的总经理。于是，公司向他做出一个承诺：当公司的另一个主要产业，即好时酒店的总经理职位出现空缺时，管理层将不再去市场上招聘，而是会提拔他。

这种情况也可能发生在你身上。如果你没有让某人在合适的时间担任一个合适的角色，那么你对他们的承诺和他们在公司的前景都要保持清晰透明。6个月后，好时酒店的总经理退休了。"遵守诺言很重要，"辛普森说，"任何人都可以造出更高的过山车。打造良好的顾客体验取决于人。我们要靠人取胜。"

身处顶峰，路在何方

如果你处于曲线的顶端并担任着公司的高管：首席执行官或另一个高管职位，你会怎么办？首席执行官对董事会和上市公司的股东负有不可推卸且极为重要的信托责任。为履行这一责任必须采取的行动有其自身的S型曲线，而且可能需要一段时间才能取得成果。

事实上，在美国最大的500家公司中，首席执行官的平均任期是4.9年。[3]这种短暂的任期也有值得关注的例外：例如，截至本书写作时，沃伦·巴菲特执掌伯克希尔-哈撒韦公司已有59年，鲁伯特·默多克担任新闻集团首席执行官已有63年。《财富》500强公司的首席执行官平均任期略长一点儿，为7.4年。但是分析人士指出，像巴菲特和默多克这样的人拉长了首席执行官的平均任期。[4]大多数首席执行官似乎都会在5年内跳槽，不管是不是出于自愿。

身居这一职位，依然有很多东西需要学习，需要理解多个领域和某些特定企业及其市场间的无数细微差别。人们发现，它可以提供一个持续数十年的挑战。WD-40制造公司的首席执行官加里·里奇已经任职20多年了，公司业绩斐然。但是如果情况发生了变化，董事会就会让他走人。在任职期间，里奇致力于继续教育、培训、写作、开拓新市场，试图拓展产品范围，改变公司产品单一的局面。他颠覆了自己，保持了自己的高价值。

那些执掌自己创立或拥有的公司的老板可能处于最困难的境地（参见"最终的曲线"）。他们没有董事会的指导，也没有股东的问责，因此，决定何时以及如何实现颠覆的责任就落在了个人的肩上。也许你有一个伟大的想法，但你不一定具备经营企业所需的教育背景或敏锐的头脑——这是一条非常陡峭的学习曲线，可能需要一段时间才能驾驭。为了确保个人成长和企业发展齐头并进，我建议在培训上投资。

> **最终的曲线**
>
> 对一些员工，尤其是那些接近半退休或完全退休的处于职业生涯晚期的专业人士来说，他们在组织内部可能没有可以开启的下一条曲线。数据告诉我们，越来越多的人主动或被迫选择在退休后继续工作。虽然有些人可能对此很感兴趣，觉得自己还有足够的工作和生活能力来应对全新的学习曲线，但其他人可能不会。
>
> 担任指导和培训一职是安排这些经验丰富的员工特别好的方式。在其所处领域和公司，他们是名副其实的专业知识和记忆的宝库。通过满足他们的合理要求，比如，也许他们想做兼职或远程工作，以方便他们旅行。这样可以让他们继续为所有参与者做

> 出巨大的贡献。很多人愿意讨论调整薪酬的问题，以保持他们对公司的重要性，同时让他们更灵活地追求非职业目标。关键是你要创造性地思考。多年的经验是一种不可浪费的人力资源。

首席执行官和高管也是人，也会感到厌倦，所以如果你不颠覆自己，有人就会替你颠覆。马歇尔·戈德史密斯指导过150多位首席执行官，他建议客户："宁可少待一年，也不要多待一天。不要逗留太久。作为一名首席执行官，设定一个时间，做出你的贡献，然后离开。不要犹豫。培养你的继任者……带着风度和尊严离开，并按照自己设定的期限离开……你当了10年首席执行官？你太执着了吧！"[5]

小 结

- 就像其他投资一样，现在是时候通过帮助处于曲线顶端的员工开启一条新的学习曲线来重新平衡投资组合了。

- 大多数颠覆需要管理层的协助。在曲线高处的员工可能渴望一条新的曲线，但无法靠自己达到目的。这就需要你的帮助：为他们的成就鼓掌，确定一条新的学习曲线，履行帮助他们开启的诺言。
- 促使员工开启一条新的曲线，需要你与你自己以及员工的权利做斗争。
- 人们的新S型曲线激发了公司的创新。你应该创造性地思考如何将你的员工引到新的方向上。

结语
新的开始

> 我们离伟大已经很近了：只要一步，我们就安全了。
>
> 我们能不迈出这一步吗？
>
> ——拉尔夫·沃尔多·爱默生

让你最优秀、最聪明、最有经验的员工因为厌倦而离开公司，去别的地方寻找机会，这是非常不明智的。然而，太多的公司会犯这样的错误。

哈佛商学院的组织行为学教授鲍里斯·格罗斯伯格在过去10年里对全球的中小型企业开展了一项名为"打造一家伟大公司"的调查，内容涉及从战略到文化的各种话题。他要求高管们在从招聘到聘用的37项人力资源实践中对"公司的效率"进行评估。在2017年接受调查的450家公司中，"岗位轮换"得分最低，"高潜力项目"排名倒数第3。"这并不罕见，"格罗斯伯格指出，"这些行为一直排在清单的最后。"很明显，许多公司都很难为处于学习曲线顶端的员工提供新的任务和内部机会。

管理者通过一系列学习曲线支持员工，这样的能力需要他们有超越日常思考范围的意愿，还需要管理者得到上级领导的支持。但这需要改变。我们都知道，改变对组织来说是很难的。我们都说得很好，但我们的现实状况是，我们中很少有人喜欢新事物。我们更喜欢确定的事情和熟悉的状况，是它们让我们成功"上岸"。停滞状态为我们提供了一种充满确定性和安全性的假象，但事实上，安全和确定只是一种幻觉。

在习惯于规避风险的组织中，你可能很难说服你的上司，把一位明星员工调到一个远不能保证他们成功的新岗位。也许很难找到理由雇用一个潜力大于经验的人。一位在某个岗位上表现不佳的员工可以在另一个岗位上脱颖而出，这种想法几乎不可能得到认可。

如果你的公司是那种倾向于指出哪里可能出现问题的组织，那么你不需要说服任何人去改变，也无须证明用一种新的方式管理员工可以激发他们的创新力、成就感、满足感和敬业度。如果你的公司是用一种谨慎的态度来看待事情的,那就利用人们规避风险的生存本能,而不是与之对抗。要让他们认识到,不去尝试新事物会更可怕。

把不鼓励员工颠覆自己的风险列出来:它会让你、老板、团队和公司付出哪些代价。这里有几点需要提出来:

- 你将失去你的高潜力员工。你不能继续让他们待在"你喜欢"的地方,因为他们不会留下来。如果你不帮助他们安排内部调动,让他们继续接受挑战,他们就会为自己找到一个新雇主。
- 即使他们留下来,如果你不把他们推到充满挑战和限制的境地,他们也不会全身心投入工作。
- 如果他们不全身心投入工作,他们就不会创新。(他们甚至可能不会真正发挥作用。)
- 如果他们不创新,你的公司就会失去竞争力。你会被适应速度更快的竞争对手打败,因为你没有为未来做好准备。根据埃森哲(全球最大的上市咨询公司)的一项深入研究,业绩出色的公司(财务指标超过同行)是那些在其"需要之前"就培养员工能力的公司,而一般水平和业绩不佳的公司则不然,这就是它们无法参与竞争的原因。[1]

想知道你是否会被颠覆吗?请把握住你员工的脉搏。作家安·拉莫特说:"如果我们待在原地,待在我们被困住的地方,待在舒适和安全的地方,我们就会死在那里。我们变得像蘑菇一样,生活在黑暗里,粪便会一直堆到我们的下巴。如果你只对你已经知道的事情感兴趣,你就快完了。"[2]

即便如此,也不要说学习曲线管理方法没有缺点——它只是优点远远超过缺点。例如,如果你帮助有才华的员工跳槽到新的岗位,是的,你的团队可能会在短期内遭受损失,但从长远看,你会获得人才开发者的美誉,有能力、有抱负、有潜力的人都希望为你工作。

如果你雇用的人还不是专家,你的工作效率也会在一段时间内降低。你雇用的人还不能完全胜任这个岗位,但是他们会很高兴得到这份工作,并且对你忠心耿耿,因为你为他们承担了风险。他们会渴望努力工作并证明自己。你的整个团队将受益于这位高度敬业的员工。这种做法会带来一些风险——但是与维持现状相比,风险要小得多。

你自己也要记住这一点。因为,对于允许下属通过开启下一条学习曲线来颠覆自己这个问题,人们最常见的保留意见是：担心他们的上级不会支持这种新模式，担心上级不会奖励他们，甚至可能会因为他们的尝试而惩罚他们。

但是根据我的经验，这种管理方式的最大障碍并不是你的上级。你总会有一个上级，即使你是首席执行官。在你的组织中，创新的最大障碍可能就是你自己。

无论你管理的是10个人还是1万人的团队，你都要记住，你在那个位置的作用是帮助别人。你可以奖励和提拔他们，并帮助他们实现个人颠覆。你一定想这么做，否则你不会买这本书——并且读到这里。但是，帮助他人学习和成长似乎永远属于明天，我们很容易以"今天我太忙了"或"这个季度还不是让我优秀的员工调到新岗位的时候"为借口拖延我们的帮助。

最好的老板不仅仅是建立一支高成长型团队，他们在职业生涯中建立了庞大的高成长型团队网络。你的慷慨和帮助会带来长期的回报。当你帮助和庆祝他人成功时，它也会提升你的声誉——你是一位人才开发者和人们喜欢为之工作的老板。

经理就像教练，要知道：只有你的球队赢了，你才会赢。当你渴望成为一位领导团队走上学习曲线的老板时，你对自己和他人都要有耐心。人们经常对我说："你的想法很好，但关键在于执行。"的确如此。但是，我们对不能出色完成任务的恐惧可能会让我们在起跑线上停滞不前，甚至不愿意去尝试。

本杰明·富兰克林就是一个伟大的例子：他愿意尝试，勇于犯错，然后耐心地改正错误。他想达到完美的道德境界，于是他列出了13种美德。但是他并不想一下子全部掌握它们，而是一次只践行一种美德。他先从节制开始，因为冷静的头脑是包括勤奋、克制和谦逊在内的其余12种美德的基础。他一生都在努力实现这些目标，他对这13个目标中的每一个都进行了为期一周的集中训练，然后开始一个新的周期。他说："在花园中除草时，你不能一下子除掉所有的杂草，而是一次除掉一块……"你在学会颠覆自己，并帮助别人做同样的事情时，也是一次只能做一件事。在沮丧的日子里，你可以从富兰克林的智慧中得到鼓舞，因为他说："一个完美的人可能会遭人嫉妒或憎恨。为了让朋友们满意，一个仁慈的人应该允许自己有一些缺点。"[3]

在本书中，我赞扬了限制在培养创造力和敦促人们行动方面的价值。作为管理者，请记住，在我们面临的所有限制中，时间是最不可动摇的。其他资源可能成倍增加，但时间总是有限的。无论是我们的工作时间，还是我们在这个星球上的时间，我们剩下的时间总是在减少。

　　我们被时间有限的意识驱使着前进,它是比需要一份工作或挣一份薪水更强大的力量。人们需要梦想,他们将通过学习新事物,发展新能力,在世界上留下印记来实现自己的梦想。管理者可以成为创造者,为团队成员创造机会,让他们通过个人颠覆来创造和重塑自己。[4] 这将是多么美妙的工作啊!

注 释

前言

1. "WD-40 Company History," Funding Universe, accessed November 17, 2017, http://www.fundinguniverse.com/company-histories/wd-40-company-history/.

2. Larry Emond, "2 Reasons Why Employee Engagement Programs Fall Short," Gallup News, August 15, 2007, http://news.gallup.com/opinion/gallup/216155/reasons-why-employee-engagement-programs-fall-short.aspx.

3. Whitney Johnson, interview with Garry Ridge, *Disrupt Yourself* podcast, episode 13, March 10, 2017, https://soundcloud.com/disruptyourselfpodcast/episode-13-garry-ridge.

4. Ibid.

5. Marissa Brassfield, "Study Reveals Majority of Workers Feel Trapped in Their Jobs," PayScale Career News page, July 2013, https://www.payscale.com/career-news/2013/07/study-reveals-majority-of-workers-feel-trapped-in-their-jobs.

6. Erin Werthman, "Survey Says: American Workers Are Stuck in a Rut," Rasmussen College, April 15, 2014, http://www.rasmussen.edu/press-release/2014-04-15/survey-says-american-workers-stuck-in-a-rut/.

7. "U.S. Luxury Car Market Share in 2016, by Brand," Statista, 2017, https://www.statista.com/statistics/287620/luxury-vehicles-united-states-premium-vehicle-market-share/.

1 S型学习曲线

1. Tony Horwitz, *Blue Latitudes: Boldly Going Where Captain Cook Has Gone Before*, reprint edition (New York: Henry Holt and Co., 2003), 290–292, 297, 304–307, 316–317.
2. "The Millennial Economy," a survey of 1,200 millennials conducted by public policy organization Economic Innovation Group, http://eig.org/millennial.
3. Beth Kowitt, "Why McDonald's Wins in Any Economy," *Fortune*, September 5, 2011.
4. Seminar with Alan Mulally, Marshall Goldsmith 100 Coaches conference, Phoenix, AZ, December 2016.
5. Whitney Johnson, interview with Bernie Swain, *Disrupt Yourself* podcast, episode 8, December 29, 2016, http://whitneyjohnson.com/bernie-swain-disrupt-yourself.
6. Antony Jay, *Machiavelli and Management: An Inquiry into the Politics of Corporate Life* (San Diego: Pfeiffer & Co, 1994), 45, 71–72.

2 促进学习和成长的7大因素

1. Whitney Johnson, interview with Sarah Feingold, *Disrupt Yourself* podcast, episode 7, December 14, 2016, https://soundcloud.com/disruptyourselfpodcast/episode-07-sarah-feingold.
2. Whitney Johnson, *Disrupt Yourself: Putting the Power of Disruptive Innovation to Work* (New York: Bibliomotion, 2015), 10–11.
3. Whitney Johnson, interview with Walter O'Brien, *Disrupt Yourself* podcast, episode 29, October 12, 2017, https://soundcloud.com/disruptyourselfpodcast/episode-29-walter-obrien.
4. Pierre Chandon, "The Reason We Buy (and Eat) Too Much Food," *Harvard Business Review*, December 20, 2016, https://hbr.org/2016/12/the-reasons-we-buy-and-eat-too-much-food.
5. Liz Wiseman, *Rookie Smarts* (New York: HarperBusiness, 2014), 1–3.
6. Whitney Johnson, interview with Raju Narisetti, *Disrupt*

Yourself podcast, episode 2, October 6, 2016, https://soundcloud.com/disruptyourselfpodcast/episode-02-raju-narisetti.

7. Jack Zenger and Joseph Folkman, "Why Do So Many Managers Avoid Giving Praise?" *Harvard Business Review*, May 2, 2017, https://hbr.org/2017/05/why-do-so-many-managers-avoid-giving-praise.

8. Marcel Schwantes, "Want to Totally Transform Your Leadership? Give This to Your Employees Once Per Week," Inc.com, November 22, 2016, https://www.inc.com/marcel-schwantes/research-says-this-absurdly-simple-habit-is-a-powerful-way-to-get-employees-moti.html.

9. Gretchen Rubin, *The Happiness Project: Or, Why I Spent a Year Trying to Sing in the Morning, Clean My Closets, Fight Right, Read Aristotle, and Generally Have More Fun*, revised edition (New York: HarperCollins, 2015), 268.

10. Whitney Johnson, interview with Michelle McKenna-Doyle, *Disrupt Yourself* podcast, episode 1, September 23, 2016, https://soundcloud.com/disruptyourselfpodcast/episode-01-michelle-mckenna-doyle.

11. Sam Pitroda with David Chanoff, *Dreaming Big: My Journey to Connect India* (Oakbrook Terrace, IL: The Pitroda Group, 2015), 144–145.

12. Jean Martin and Conrad Schmidt, "How to Keep Your Top Talent," *Harvard Business Review*, May 2010, https://hbr.org/2010/05/how-to-keep-your-top-talent.

13. Johnson, *Disrupt Yourself*, 112–114.

14. Jody Genessy, "Big Questions Loom About Jazz Rotations as Playoffs Approach," Deseret News.com, March 30, 2017, http://www.deseretnews.com/article/865676786/Big-questions-loom-about-Jazz-rotations-as-playoffs-approach.html.

15. Marguerite Ward, "This Biz Bounced Back from Near Failure to Sell Over 1 Million Products," CNBC.com "Make It" page, May 25, 2016, http://www.cnbc.com/2016/05/25/this-biz-bounced-back-from-near-failure-to-sell-over-1-million-products.html.

3 招聘和雇用

1. Tara Sophia Mohr, "The Real Reason Women Don't Apply

for Jobs Unless They're 100% Qualified," *Harvard Business Review*, August 24, 2014, https://hbr.org/2014/08/why-women-dont-apply-for-jobs-unless-theyre-100-qualified.

2. Adam Vaccaro, "Why Employees Quit Jobs Right After They've Started," Inc.com, April 17, 2014, http://www.inc.com/adam-vaccaro/voluntary-turnover-six-months.html.

3. Eileen Appelbaum and Ruth Milkman, *Achieving a Workable Balance: New Jersey Employers' Experiences Managing Employee Leaves and Turnover* (New Brunswick, NJ: Center for Women and Work, 2006).

4. David Rosnick, "How Much Does Employee Turnover Really Cost Your Business?" Center for Economic and Policy Research, CLASP-CEPR Turnover Calculator, http://cepr.net/research-tools/online-calculators/clasp-cepr-turnover-calculator.

5. Heather Boushey and Sarah Jane Glynn, "There Are Significant Business Costs to Replacing Employees," Center for American Progress, November 16, 2012, https://www.americanprogress.org/wp-content/uploads/2012/11/CostofTurnover.pdf.

6. Whitney Johnson, interview with Patrick Pichette, *Disrupt Yourself* podcast, episode 10, January 26, 2017, https://soundcloud.com/disruptyourselfpodcast/episode-10-patrick-pichette.

7. Victoria Luby and Jane Stevenson, "7 Tenets of a Good CEO Succession Process," *Harvard Business Review*, December 7, 2016, https://hbr.org/2016/12/7-tenets-of-a-good-ceo-succession-process.

8. Dave Winsborough, "It's Common for Peers to Punish Top Performers in High-Performing Teams," LinkedIn, July 10, 2017, https://www.linkedin.com/pulse/its-common-peers-punish-top-performers-high-teams-dave-winsborough.

9. Dave Winsborough and Tomas Chamorro-Premuzic, "Great Teams Are About Personalities, Not Just Skills," *Harvard Business Review*, January 25, 2017, https://hbr.org/2017/01/great-teams-are-about-personalities-not-just-skills?utm_campaign=hbr&utm_source=twitter&utm_medium=social.

10. A.G. Lafley and Roger L. Martin, "Customer Loyalty Is Overrated," *Harvard Business Review*, January–February 2017, https://hbr.org/2017/01/customer-loyalty-is-overrated.

11. Whitney Johnson, *Disrupt Yourself*, 3.

12. Drake Baer, "Hiring, Like Dating, Sucks; Here's How Startups Are Trying to Fix It," *Fast Company*, February 28, 2013, https://www.fastcompany.com/3006365/hiring-dating-sucks-heres-how-startups-are-trying-fix-it.

13. Author's email interview with Lauren Rivera, July 11, 2017.

14. Benjamin Artz, Amanda Goodall, and Andrew J. Oswald, "If Your Boss Could Do Your Job, You're More Likely to Be Happy at Work," HBR.org, December 29, 2016, https://hbr.org/2016/12/if-your-boss-could-do-your-job-youre-more-likely-to-be-happy-at-work.

15. Dorothy Dalton, "A Plea! Keep Job Profiles Real!" Dorothy Dalton.com, December 1, 2010, http://dorothydalton.com/2010/12/01/a-plea-keep-job-profiles-real/.

16. Danielle Gaucher and Justin Friesen, "Evidence That Gendered Wording in Job Advertisements Exists and Sustains Gender Inequality," *Journal of Personality and Social Psychology* 101, no. 1 (2011): 109–128.

17. Claire Cain Miller, "Job Listings That Are Too 'Feminine' For Men," *New York Times*, January 16, 2017, https://www.nytimes.com/2017/01/16/upshot/job-disconnect-male-applicants-feminine-language.html.

18. Cliff Zukin and Mark Szeltner, "Talent Report: What Workers Want in 2012," Net Impact, through Rutgers University, May 2012, https://netimpact.org/sites/default/files/documents/what-workers-want-2012.pdf.

19. Erik Sherman, "35 Percent of All Workers Are Freelance? Not Quite," Inc.com, October 12, 2016, http://www.inc.com/erik-sherman/b35-percent-of-all-workers-are-freelance-not-quite/b.html.

20. Whitney Johnson, interview with Carol Fishman Cohen, July 20, 2017.

21. Gretchen Livingston, "Opting Out? About 10% of Highly

Educated Moms Are Staying Home," Pew Research Center, May 7, 2014, http://www.pewresearch.org/fact-tank/2014/05/07/opting-out-about-10-of-highly-educated-moms-are-staying-at-home/.

22. Whitney Johnson, "What It's Like When a Stay-At-Home Dad Goes Back to Work," *Harvard Business Review*, April 19, 2016, https://hbr.org/2016/04/what-its-like-when-a-stay-at-home-dad-goes-back-to-work.

23. Michelle Weise, "We Need a Better Way to Visualize People's Skills," *Harvard Business Review*, September 20, 2016, https://hbr.org/2016/09/we-need-a-better-way-to-visualize-peoples-skills.

24. Whitney Johnson, interview with David Blake, August 16, 2017.

25. Steve Lohr, "A New Kind of Tech Job Emphasizes Skills, Not a College Degree," *New York Times*, June 28, 2017, https://www.nytimes.com/2017/06/28/technology/tech-jobs-skills-college-degree.html.

26. US Census Bureau, "Highest Educational Levels Reached by Adults in U.S. Since 1940," Census.gov, March 30, 2017, https://www.census.gov/newsroom/press-releases/2017/cb17-51.html.

27. Brian Rohrig, "Smartphones, Smart Chemistry," *ChemMatters*, April–May 2015, https://www.acs.org/content/acs/en/education/resources/highschool/chemmatters/past-issues/archive-2014-2015/smartphones.html.

4 管理渴望成功的新员工

1. Whitney Johnson, interview with Don Cantore and John Gooch, audio recording, Lexington, VA, July 31, 2017 and August 2, 2017.

2. Inc.com, Global Partners' ranking on the Inc. 5000 page, 2017, https://www.inc.com/profile/globalization-partners.

3. Whitney Johnson, "You're Interviewing, and Pregnant," LinkedIn, November 26, 2013, https://www.linkedin.com/pulse/20131126192300-3414257-you-re-interviewing-and-pregnant?trk=pulse_spock-articles.

4. Heidi Grant Halvorson, *No One Understands You and What to Do About It* (Boston: Harvard Business Review Press, 2015), 12.

5. Janice Harper, "The Gentle Genocide of Workplace Mobbing," Just Us Justice, Academic Women for Justice.org, 2010, http://www.academicwomenforjustice.org/downloads/gentle-genocide.pdf.

6. David McCullough, *The Wright Brothers* (New York: Simon & Schuster, 2015), 116.

7. Eric Liu, *Guiding Lights: The People Who Lead Us Toward Our Purpose in Life* (New York: Random House, 2004), 57–62.

8. Carsten Wrosch, "Self-Regulation of Unattainable Goals and Pathways to Quality of Life" in *The Oxford Handbook of Stress, Health, and Coping*, edited by Susan Folkman (New York: Oxford University Press, 2011), 320.

9. "Surfers Only Spend 8% of the Time Riding Waves," *Surfer Today*, http://www.surfertoday.com/surfing/7653-surfers-only-spend-8-of-the-time-riding-waves.

10. Elder J. Devn Cornish, "Am I Good Enough? Will I Make It?" The Church of Jesus Christ of Latter-Day Saints, October 2016, https://www.lds.org/general-conference/2016/10/am-i-good-enough-will-i-make-it?lang=eng.

5 发挥每个人的优势

1. Whitney Johnson, interview with Telisa Yancy, audio recording, Lexington, VA, August 2, 2017.

2. Amanda Imber, "Help Employees Innovate By Giving Them the Right Challenge," *Harvard Business Review*, October 17, 2016, https://hbr.org/2016/10/help-employees-innovate-by-giving-them-the-right-challenge.

3. Francesca Gino, "Are You Too Stressed to Be Productive? Or Not Stressed Enough?" *Harvard Business Review*, April 14, 2016, https://hbr.org/2016/04/are-you-too-stressed-to-be-productive-or-not-stressed-enough.

4. Jean Martin and Conrad Schmidt, "How to Keep Your Top Talent," *Harvard Business Review*, May 2010.

5. Alice Truong, "After Analyzing 200 Founders' Postmortems, Researchers Say These Are the Reasons Startups Fail," Quartz Media "Lesson Learned" page, May 12, 2016, https://qz.com/682517/after-analyzing-200-founders-postmortems-researchers-say-these-are-the-reasons-startups-fail/.

6 管理处于曲线顶端的尖子

1. Ron Chernow, *Alexander Hamilton* (New York: Penguin Books, 2004), 152.
2. Carol Hymowitz, "American Firms Want to Keep Older Workers a Bit Longer," *Bloomberg Businessweek*, December 16, 2016, https://www.bloomberg.com/news/articles/2016-12-16/american-firms-want-to-keep-older-workers-a-bit-longer.
3. Bryce G. Hoffman, *American Icon: Alan Mulally and the Fight to Save Ford Motor Company* (New York: Random House, 2012), 121.
4. J.P. Dunlon, "CEO of the Year Alan Mulally: The Road Ahead," *Chief Executive*, June 27, 2011, http://chiefexecutive.net/ceo-of-the-year-alan-mulally-the-road-ahead/.
5. Donald A. Schon, "Champions for Radical New Inventions," *Harvard Business Review*, March–April 1963.
6. Rosalind C. Barnett and Caryl Rivers, "How the 'New Discrimination' Is Holding Women Back," Catalyst, April 17, 2014, http://www.catalyst.org/zing/how-new-discrimination-holding-women-back.
7. Therese Huston, "Research: We Are Way Harder on Female Leaders Who Make Bad Calls," *Harvard Business Review*, April 21, 2016, https://hbr.org/2016/04/research-we-are-way-harder-on-female-leaders-who-make-bad-calls.
8. Amy C. Edmonson, "Strategies for Learning from Failure," *Harvard Business Review*, April 2011, https://hbr.org/2011/04/strategies-for-learning-from-failure.
9. Richard Feloni, "Stephen Colbert Shares the Best Lesson of His Career, Learned as an Improv Student at Second City," *Business Insider*, August 19, 2015, http://www.businessinsider.com/stephen-colbert-best-career-lesson-2015-8.
10. Henry J. Eyring, *Mormon Scientist: The Life and Faith of Henry Eyring* (Salt Lake City: Deseret Book, 2007), 27.

7 帮助员工开启新的学习曲线

1. Megan Reitz and John Higgins, "The Problem with Saying 'My Door Is Always Open,' " *Harvard Business Review*, March 9, 2017, https://hbr.org/2017/03/the-problem-with-saying-my-door-is-always-open.
2. Whitney Johnson, interview with Stacey Petrey, audio recording, Lexington, VA, March 29, 2017.
3. Jeffrey Sonnenfeld, "CEO Exit Schedules: A Season to Stay, a Season to Go," *Fortune*, May 6, 2015, http://fortune.com/2015/05/06/ceo-tenure-cisco/.
4. Kristen Frasch, "CEO Turnover vs. CEO Tenure: Two Takes," HRE Daily page, January 25, 2016, http://blog.hreonline.com/2016/01/25/ceo-turnover-vs-ceo-tenure-two-takes/.
5. Whitney Johnson, "Marshall Goldsmith and Whitney Johnson—CEOs Should Have Term Limits," YouTube, February 22, 2017, https://www.youtube.com/watch?v=RBBh1z4U3uE.

结语

1. Paul Nunes and Tim Breene, *Jumping the S-Curve: How to Beat the Growth Cycle, Get on Top, and Stay There* (Boston: Harvard Business Review Press, 2011), 152–156.
2. Ann Lamott, *Help, Thanks, Wow: The Three Essential Prayers* (New York: Penguin, 2012), 86.
3. Benjamin Franklin, *The Autobiography of Benjamin Franklin*.
4. "Maker Culture," *Wikipedia*, last modified October 16, 2017, https://en.wikipedia.org/wiki/Maker_culture.

致谢

> 大多数人会报答小恩小惠，感谢中等恩惠，却对大恩大德忘恩负义。
>
> ——本杰明·富兰克林

我想对所有帮助过我的人表达深深的谢意。

感谢克莱顿·克里斯坦森——这位让我站在他肩膀上的知识巨人，我很感谢与你共事并向你学习的 10 年。

感谢我的赞助人、哈佛商业评论出版社杰出的编辑萨拉·格林·卡迈克尔。如果没有你，这本书就不会出版。同时也感谢蒂姆·沙利文和团队的其他成员，和你们一起工作是我的荣幸。

非常感谢编辑希瑟·亨特在整个写作过程中的帮助，包括从提案到最终的润色。你是一位才华横溢的作家。我很高兴在奥勒姆公共图书馆的日子结束后，我们能重新联系上。

感谢艾米·詹姆森和布兰登·詹姆森这对儿充满活力的二人组合：艾米敏锐的编辑眼光和布兰登准确无误的设计敏感性。15年来，你们一直都是很好的合作伙伴。

感谢艾米·亨布尔帮助这位鞋匠"做自己的鞋"，帮助她建立和扩大业务规模。对梅西·罗比森来说，这里没有对你的描述是因为你做的事情太多了：从建立我们的网站到开发课程，再到帮助管理每日野兽网这项不断增长的业务。还有莎莉·哈克，非常感谢你在这本书的前半部分对我的指点。

我要向玛拉·戈特沙尔克大声说谢谢，她负责制造了S型曲线定位器和颠覆性优势指示器。还有克里斯汀·古德温，她强大的分析和设计能力使它们成为一些美妙的东西。（我也非常感谢你们在读了这本书的初稿后发表的独到见解。）

感谢艾米·格雷，你教会我那么多说话的技巧，感谢戴维·克拉特在播客方面的指导。我们一起做的许多采访都被写进这本书里。感谢我的新老朋友们：亚历克斯·奥斯特瓦尔德、帕特里克·霍奇登、弗朗兹·巴斯、梅丽莎·戴维斯和杰克·史密斯。你们对这本书的初稿的评论大大提升了它的质量。

我深深地感谢马歇尔·戈德史密斯的赞助和"马歇尔·戈德史密斯100计划"。因为你，我的生活发生了彻底的变化。

感谢我的母亲，因为她想写一本书——她让我觉得我可以。

感谢我的丈夫罗杰以及我们的孩子戴维和米兰达，感谢我许多亲爱的朋友（你们都知道是谁），感谢上帝。发自内心地，谢谢你们。